跨文化交际理论与实践研究

索宝丽◎著

吉林出版集团股份有限公司
全国百佳图书出版单位

图书在版编目（CIP）数据

跨文化交际理论与实践研究 / 索宝丽著 . -- 长春：吉林出版集团股份有限公司，2022.11

ISBN 978-7-5731-2813-3

Ⅰ . ①跨… Ⅱ . ①索… Ⅲ . ①文化交流 – 研究 Ⅳ . ① G115

中国版本图书馆 CIP 数据核字 (2022) 第 231659 号

跨文化交际理论与实践研究

KUA WENHUA JIAOJI LILUN YU SHIJIAN YANJIU

著　　者　索宝丽
责任编辑　王　宇
封面设计　李　伟
开　　本　710mm × 1000mm　　1/16
字　　数　232 千字
印　　张　13
版　　次　2023 年 3 月第 1 版
印　　次　2023 年 3 月第 1 次印刷
印　　刷　天津和萱印刷有限公司

出　　版　吉林出版集团股份有限公司
发　　行　吉林出版集团股份有限公司
地　　址　吉林省长春市福祉大路 5788 号
邮　　编　130000
电　　话　0431-81629968
邮　　箱　11915286@qq.com
书　　号　ISBN 978-7-5731-2813-3
定　　价　78.00 元

作者简介

索宝丽，1987年生，山东龙口人，韩国庆北大学硕士研究生毕业，现任烟台南山学院日语与朝鲜语系朝鲜语教研室主任，主要研究方向为韩国语教育、跨文化交际。发表论文数篇，主持厅局级项目一项，参与厅局级项目三项。在2020年、2021年烟台南山学院青年教师教学水平大赛中连续两年荣获一等奖。

前 言

跨文化交际已成为21世纪国际交流的主要特征。随着国家、地域之间的沟通与合作日益密切，各民族之间的关系也愈加紧密。社会的发展使自身的文化得以传播与进步，同时国家间密切的沟通也在潜移默化中促进了文化的融合与交流。人类文化虽然具有一定的共性，但是其差异性也是显而易见的。中西方在问候方式、称呼方式、时间观、价值观、隐私观等很多方面都具有差异性，这些差异的存在都直接影响着跨文化交际的进行。交际者只有在尊重不同文化的基础上，正确了解和处理这些差异，才能保证跨文化交际的顺利展开。因此，交际者需要在掌握自身文化与目的语文化差异的基础上，根据具体的语境进行跨文化交际。

当代大学生作为现阶段我国对外交流的主体之一，其跨文化交际能力直接影响着现阶段我国在各领域与世界各国的交流与合作。随着我国现代化教育的进程加快，我国大学生外语水平的提高是有目共睹的，越来越多的大学生重视外语，努力提升自己，通过了多种外语等级考试，但同时大学生在真实的跨文化交际过程中依旧存在着种种问题。为了提升我国未来建设人才的对外交际水平和能力，培养提高大学生跨文化交际的能力正迫在眉睫。

本书对跨文化交际进行理论与实践方面的研究，全书共分为五大章节。本书第一章为文化与交际概述，分别为文化的内涵解析、文化的基本理论、交际的内涵解析和文化与交际的关系。第二章是跨文化交际概论，第一节为跨文化交际的内涵与模式，第二节为跨文化交际的意识与能力，第三节为跨文化交际的主要理论，第四节为跨文化交际学的相关知识。本书第三章主要介绍言语与非言语交际的跨文化现象，分别介绍了言语交际与跨文化现象和非言语行为与跨文化交际。

第四章介绍影响跨文化交际的因素，分别是文化因素、环境因素和心理因素，并逐一分析。本书最后一部分内容重点介绍大学生跨文化交际能力的培养，首先是对跨文化交际能力进行概述，然后提供大学生跨文化交际能力的培养策略，最后介绍大学生跨文化交际能力的测试与评估。

在撰写本书的过程中，作者得到了许多专家学者的帮助和指导，参考了大量的学术文献，在此表示真诚的感谢。由于作者水平有限，书中难免会有疏漏之处，希望广大同行及时指正。

作者

2022 年 8 月

目录

第一章　文化与交际概述……1
第一节　文化的内涵解析……1
第二节　文化的基本理论……9
第三节　交际的内涵解析……36
第四节　文化与交际的关系……41

第二章　跨文化交际概论……44
第一节　跨文化交际的内涵与模式……44
第二节　跨文化交际的意识与能力……62
第三节　跨文化交际的主要理论……68
第四节　跨文化交际学的相关知识……97

第三章　言语与非言语交际的跨文化现象……102
第一节　言语交际与跨文化现象……102
第二节　非言语行为与跨文化交际……122

第四章　影响跨文化交际的因素……135
第一节　文化因素与跨文化交际……135
第二节　环境因素与跨文化交际……144
第三节　心理因素与跨文化交际……150

第五章　大学生跨文化交际能力的培养……158
第一节　跨文化交际能力概述……158
第二节　大学生跨文化交际能力的培养策略……164
第三节　大学生跨文化交际能力的测试与评估……183

参考文献……195

第一章　文化与交际概述

随着世界经济全球化以及文化多元化的发展，跨文化交际活动得以蓬勃发展，世界各国人民之间的联系愈加紧密。现在，语言已经不再是阻碍不同国家和民族交往的障碍，能否理解并接受异族文化成了影响各国有效交往的重要因素。本章分别对文化和交际的内涵与关系进行详细说明。

第一节　文化的内涵解析

一、文化

关于文化的定义，各位学者、专家的观点可谓是见仁见智。据统计，现已存在的关于文化的定义有 200 多种，这里先就其中较有代表性的定义进行分析。

（一）文化的概念

1.“文化”一词的来源

古汉语中的“文化”和现在的“文化”有着不同的含义。“文化”一词首次出现是在汉代，《说苑 · 指武》记载：“文化不改，然后加诛。”在此，“文化”的意义相当于“武功”，传达的是关于社会治理方面的方法和主张。

英语中的 culture 一词来源于拉丁文 cultura，曾经指“犁”的过程、动作，后来引申为培养人的技能、品质，18 世纪又转义为“整个社会里知识、心灵或艺术的普遍状态”。

2. 文化的定义

19 世纪 70 年代，英国人类学家爱德华·泰勒首次在《原始文化》一书中界定了“文化”，他指出，从广泛的民族学意义来讲，文化是包括知识、信仰、艺术、道德、法律、习俗以及作为一个社会成员所习得的其他一切能力和习惯的复合整体。①

致力于研究交际问题的学者萨姆瓦（Samovar，L.A.）等人认为，文化是经过前人的努力而积累、流传下来的知识、经验、信念以及物质财富等的总体。文化暗含在语言、交际行为和日常行为中。②

莫兰指出，文化是处于特定的社会情境之中的一系列文化产品，是人类群体不断演变的生活方式，包含着一套基于共有世界观的共有的生活实践体系。其中，文化产品是一种文化实体，属于物理层面，由文化社群以及文化个体创造或使用。文化社群包括社会环境和群体，文化个体的所有文化实践行为都是在特定的文化社群中发生的。③

也有学者这样看待文化，即文化包括大家享有的物质的和非物质的全部人类社会产品，这是从社会学角度而言的，其中的代表之一就是美国社会学家伊恩·罗伯逊（Lain Robertson）。

美国《哥伦比亚百科全书》指出，文化是在社会中习得的一整套价值观、信念和行为规则。

张岱年和程宜山认为，文化既包括活动方式，又包括活动成果，是人类在征服自然世界时表现出的行为以及行为背后的思维方式。④

金惠康指出，文化是一个复合的整体概念，既包含有形的生产方式、生活方式，又包含无形的价值观念、社会准则等。⑤

有的大型词典也对文化做出了解释，如我国《辞海》将文化分为广义的文化和狭义的文化。广义的文化包括人类在征服自然时所创造的所有的物质和精神产

---

① 爱德华·泰勒 . 原始文化 [M]. 桂林：广西师范大学出版社，2005 年 .
② 闫文培．全球化语境下的中西文化及语言对比 [M]. 北京：科学出版社，2007.
③ 侯贺英，陈曦．文化体验理论对文化教学的启发 [J]. 时代经贸，2012，(2)：16.
④ 闫文培．全球化语境下的中西文化及语言对比 [M]. 北京：科学出版社，2007.
⑤ 金惠康．跨文化交际翻译续编 [M]. 北京：中国对外翻译出版公司，2003.

品财富；狭义的文化主要是指上层建筑，如制度和社会的意识形态等。

（二）文化的特征

1. 发展性

文化会随着社会与时代的发展而不断发生变化，这就决定了文化的稳定性具有暂时性，而其发展性是持续存在的。当前，经济全球化的趋势越来越明显，这种变化促进了不同民族之间的沟通与交流，进而使不同文化之间逐渐进行融合与碰撞，在这一过程中，世界上的不同文化便遇到了新的发展契机。

2. 碰撞性

有的学者经过研究之后认为，文化碰撞现象之所以出现，其根源就在于文化霸权主义的存在。西方很多经济发达国家将自己的文化、信仰灌输到其他国家和地区，从而方便其开展全球战略计划，导致不同国家、民族之间产生了各种文化层面的矛盾与冲突。随着我国改革开放的逐步深入，经济发展的水平越来越高，与国外的沟通、交流也越来越频繁。这种趋势促使中国文化出现了多个向度的融合与碰撞，如激进与保守、中国化与西方化、现代文化与传统文化等，由此引起了学界对文化这一体系的更进一步研究。

3. 多样性与普遍性

文化是代代传承的，所有的文化创造都来源于文化积淀的借鉴和启发。不管是从纵向的历史上来看还是从横向的空间上来看，在不同的时期，不同的地域、不同的民族，文化都是不同的，也就是说文化是特殊的、具体的。文化具有多样性，这可以通过社会学家、人类学家所记载的、大量的世界各地的特殊文化中体现出来。

对于文化的多样性，如果秉持着不承认的态度就会出现种族中心主义，会出现用自己民族的价值标准来衡量和判断其他民族中出现的现象和发生的事件。更有甚者，从种族中心主义极端发展到民族沙文主义，只认为自己的民族是优等民族，对于其他民族持有仇恨、鄙视态度。文化的共性是客观存在的，寓于文化的多样性和特殊性之中。尽管文化在具体的表现形式上有差别，但是在不同民族文化之中这些原则是共同的。文化所具有的共性是世界各个民族、各个文化之间能够沟通交流的桥梁和纽带，对促进本民族文化的发展和走向世界具有重要的意义。

4. 动态性与渗透性

就其本质而言，文化是处于动态发展变化之中的，不是静态不变的。有学者对进化论进行研究发现，人类的文化是由低级向高级、由简单向复杂不断发展的一个过程。换句话说，我们在对文化进行研究时需要着重关注文化的共时性以及历时性，看待文化需要用动态的、历史的、发展的眼光看待，并且文化间是相互渗透、相互影响的，人与人交流的过程也是文化交流的过程。

（三）文化的分类

很多学者都对文化的分类进行了研究，并从不同的角度出发发表了不同的观点，这些观点既有独特之处，也有相通之处。总结而言，文化可以分为以下几种类型：

1. 依据文化的内涵分类

根据内涵的特点，文化可分为知识文化和交际文化。

艺术作品、文物古迹都属于知识文化，其主要是通过物质表现形式呈现出来的。交际文化是指在语言交际中所隐含的文化，多是以非物质为表现形式。一般知识文化不对跨文化交际产生影响，而交际文化会对跨文化交际产生影响，所以相比较而言交际文化更应被人们重视。

交际文化又可细分为外显交际文化和内隐交际文化。外显交际文化是指那些比较外显的生活方式、社会习俗等。内隐交际文化是指那些隐含的不易被察觉的价值观、世界观、思维方式等，其决定着人们的行为方式，反映着人们做出某种行为方式的心理动机。

2. 依据文化的表现形式分类

按照文化的表现形式来划分，可以将其分为物质文化、制度文化和精神文化。

物质文化是文化的基础部分，它的目的是为人类适应和改造环境提供物质基础，满足人类基本的生存需求，具体包括服饰、饮食、建筑、交通工具等。

制度文化是文化的结构部分，是人类用以调节内部关系的组织手段，从而对自己的行为加以协调去应对客观世界，如规章制度、法规等都属于制度文化。人类区别于动物的根本原因就在于，人类不仅创造了物质财富，还创造了一个服务自己又约束自己的社会环境，创造出一系列调节内部关系和应对客观世界的组织手段。

文化的内核就是精神文化，它是人类完善自我和实现价值的知识手段，哲学、艺术、文学、习俗等都属于精神文化。

3. 依据文化的层次高低分类

根据层次的高低，文化可分为高层文化、民间文化和深层文化。高层文化是指历史、哲学、文学、艺术等较为高雅的文化，又称“精英文化”。

民间文化是指风俗习惯、生活方式等通俗文化，它与人们的生活密切相关。

深层文化是指价值观、世界观、思维模式、情感态度等隐而不露并起着指导和决定作用的文化，又称“背景文化”。

4. 依据文化对语境的依赖程度分类

根据对语境的依赖程度，文化可分为高语境文化与低语境文化两种。

作为人类交流的重要工具，语言交流总是发生在一定的语境中。所谓语境，是指语言交际或者非语言交际发生的时空环境、文化背景等。语境不同，人们交际的方式和程度也会有所不同。据此，霍尔将文化分为高语境文化和低语境文化。

所谓高语境文化，是指严重依赖于语境，主要通过非语言符号进行交际的文化。在这种文化中，信息多存在于自然环境或交际者的头脑中，只有少数信息通过外显的符号代码加以传递。

所谓低语境文化，是指较少依赖语境，主要借助语言符号进行交际的文化。在这种文化中，绝大部分的信息都是通过外显的符号代码进行传递。

相比较而言，这两种文化的差异体现在以下几个方面：

首先，语言信息在低语境文化中比在高语境文化中更为重要。相较于高语境文化，低语境文化中的成员在进行交际时，更希望对方能够表达得详尽、明确，一旦表达的信息较少，就可能产生困惑。

其次，高语境文化中的成员虽然也借助语言符号传递信息，但相较于低语境文化中的成员，对语言符号的依赖性较少，认为事实胜于雄辩，有时一切尽在不言中。

最后，在进行交际的过程中，两种语境中的成员很容易发生冲突。因为高语境文化成员在交际过程中一般不直接言明，而低语境文化成员在交际过程中直截了当，所以误会和冲突很容易发生。

5. 依据文化的共性与个性差异分类

根据共性与个性的差异，文化可以分为主文化与亚文化。

主文化是指在一个社会中处于支配地位的文化，也称为“主流文化”。对一个社会来说，在不同的历史时期，其主文化会随时代的变迁而有所不同。

亚文化又称“副文化”，是指在一个社会中处于次要地位的文化。以中国为例，中国是一个多民族国家，其中占人口比例大多数的汉族文化就是主流文化，其他少数民族的特色文化则是亚文化。

（四）文化的功能

文化是一种非常复杂的社会现象，具有多个层面的功能。

1. 帮助功能

通过文化，人们可以正确地认识世界，这体现了文化的帮助功能。文化之所以能够不断发展，原因在于它能为人们展示一个预知的世界，帮助人们清楚地认知和了解身处其间的周围环境，从而在此基础之上通过恰当的方式与他人、社会、自然和谐交往，进而顺利地生存下去。

此外，文化能满足人们的基本需求，这也是文化帮助功能的体现。文化从诞生开始就不断发展，现在已经渗透到人们生活的各个方面，成为人们的基本生活需求。现在，文化已经成了满足人们基本需求、派生需求以及综合需求的重要手段。

2. 育人功能

文化具有知识属性，文化代表着知识，可以说文化就是知识，是知识不断积累的过程。文化的知识属性也决定了文化的育人功能。

育人并非指教育人，而是指改变人、培育人和提高人。首先，文化促进人不断进化，借助文化，人们从愚昧走向了文明，走向了博学。其次，文化可以塑造人，人们总是在不断地学习各种文化知识，从而塑造自己的人格。最后，文化可以提升人的能力。通过学习各种知识，人的创造能力会有所提升，进而会从体力劳动者转变为脑力劳动者。

3. 化人功能

文化具有精神属性，这也是区别人与动物的重要方式，文化的这种属性也决定了文化的化人功能。具体体现为两个方面：首先，文化是积极的、先进的，人们可以通过文化活动来启蒙心智，在精神层面上获得满足感，收获幸福感。其次，文化所具有的舆论向导力以及理论指导力可以满足人们对于精神的需求，成为人们的重要精神力量，引导着人们不断朝着光明走去。

4. 规范功能

文化的一个重要作用就是要形成各种各样的制度规范来约束人们的社会行为，保证一个社会能够进行有序的运转和稳定的发展。随着社会生产力的不断发展，人类文明在演变的过程中逐步出现了各种规章制度，这些制度可以维护社会生产的有序进行。而如果社会成员的行为不能得到及时的引导和规范，社会就会陷入一种无序的状态。因此，文化的规范功能是保证社会有序发展的基本功能。

5. 经济功能

文化具有经济功能，这主要体现在两个方面：首先，文化可以直接推动经济的发展。文化能够开阔人的视野，发展人的创造思维，提高人的能力，这些对经济发展的推动作用十分显著。其次，文化能直接创造经济效益。文化产业是经济产业的重要组成部分，由此可以将文化列为国民经济的一个重要产业，发展文化产业就是发展市场经济。

6. 整合功能

整合功能也是文化的重要社会需求功能。社会需要通过文化的整合功能维系自身的团结与秩序的稳定。具体来说，通过整合，可以协调文化内部各个部分之间的关系，使之形成一个和谐一致又联系紧密的整体。此外，同一个国家或同一个民族成员的制度、观念、行为等也需要规范，文化的整合功能恰好可以使这个国家或民族的成员对自己的国家或民族有一种归属感。通过文化对一个社会的不断整合，各个地区、各个民族的文化也互相融会贯通，从而达到加强民族团结，促进社会稳定与发展的目的。

二、多元文化

世界各国在经济、政治等领域交往频繁，出现了一种前所未有的状态。加上信息技术的发展，多元文化逐渐呈现出来，给人们带来多层面、多角度的冲击。我们不仅是文化资产的受益者，也是文化狭隘的受害者。因此，我们需要学会在人与人、人与信息之间实现联结。

当今时代，除了少数单一民族国家外，大多数国家都是多民族。这些国家都经历了“主流同化主义—融合主义—文化多元主义”的发展进程。多民族国家不仅要保证解决好、发展好多元文化，还要努力实现国家的统一。可见，多元文化的提出正好体现了社会的发展需求，还体现了人们对文化研究的深入。

（一）多元文化的提出

20世纪初期很多学者并不支持“同化论”，他们对这一论断进行了严肃的批判，同时提出了一种新的文化观点，即“文化多元论”。1960年，西方民权运动在各个地区普及，由此引发历史领域、教育领域的学者对多元文化主义展开了深入的研究与实践。

持“文化多元论”的学者认为，文化具有显著的历史性，特定的历史情境就决定了文化的特定意义。例如，有学者提出，文化是在一定的时间以及空间条件下，人类群体的习俗、生活方式等。这一观点为多元文化主义的诞生奠定了基础。

“多元文化论”的主要观点是，一个国家精神层面的文化内容包括不同的信念、不同的行为方式，并且这些信念与方式都是相互平等的关系。在西方国家，后现代主义理论的众多代表学者也对多元文化主义十分赞赏，他们认为，多元文化社会中的人类群体不仅求知的手段会发生很大的改变，而且他们发展自身知识的方式也会发生较大的改变，所形成的新的观念、意义与过去都将产生特别明显的区别。

显然，多元文化作为一种新的文化发展理念，在当前社会中不仅真实存在，而且具有各种突出的表现。

（二）多元文化的含义

20 世纪中期，国内外对多元文化的理解大致趋同，都认为其代表的是两种不同的文化现象：其一，不同民族之间的文化；其二，殖民地以及半殖民地文化。由于中西方学者研究的角度以及内容不同，因而对多元文化的理解也是不同的。美国著名教育家詹姆斯·林奇（James Lynch）认为，多元文化无处不在，大到全球，小到一个区域、一个城镇、一个村庄，其文化都是存在区别的，因而多元文化指的是多种文化并存的一种状态。

随着全球化程度的进一步加深，当前人们对多元文化这一概念的理解又有了进一步的深入。众多研究者都认为，不管是发达国家还是发展中国家，甚至是殖民地国家，都存在着统治与被统治的现状，这种现状体现在思想层面、价值观层面，在国家、民族、社会、地域、性别、年龄等层面都具有或多或少的体现。

第二节　文化的基本理论

一、文化冰山模式

最为人所熟知的文化模式——文化冰山模型（图 1-2-1），其主要的研究重点在于文化的组成要素以及这些组成要素中的显性与隐性部分。

在文化冰山模型理论中，将文化比喻成冰山，从水中露出的只是冰山的一小部分，被隐藏在水下的部分支撑起了露出水面的部分，被隐藏的这一部分通常是一个重要的基础。在现实中，文化中的建筑、烹饪、艺术、语言、音乐等形式是文化的显性部分，在文化中一些非常重要的组成部分也就是隐性部分往往会被忽略，比如代表某一群体文化的习俗、历史、价值观以及对于自然、空间、时间的态度等。

文化冰山模式理论认为，文化中的显性部分可以将文化的隐性部分展现出来，这也从侧面反映出了当了解不同的文化的人时有很大的难度，对于大部分人而言，可以发现其他文化中的显性部分，却很难立刻发现隐含其中的文化隐性基础。

尽管如此，对于一些问题，文化冰山模式也无法一一解答。通常情况下，文化冰山模式只是为我们提供一个进一步审视文化的视角，帮助我们明确了解其他文化很艰难的原因。

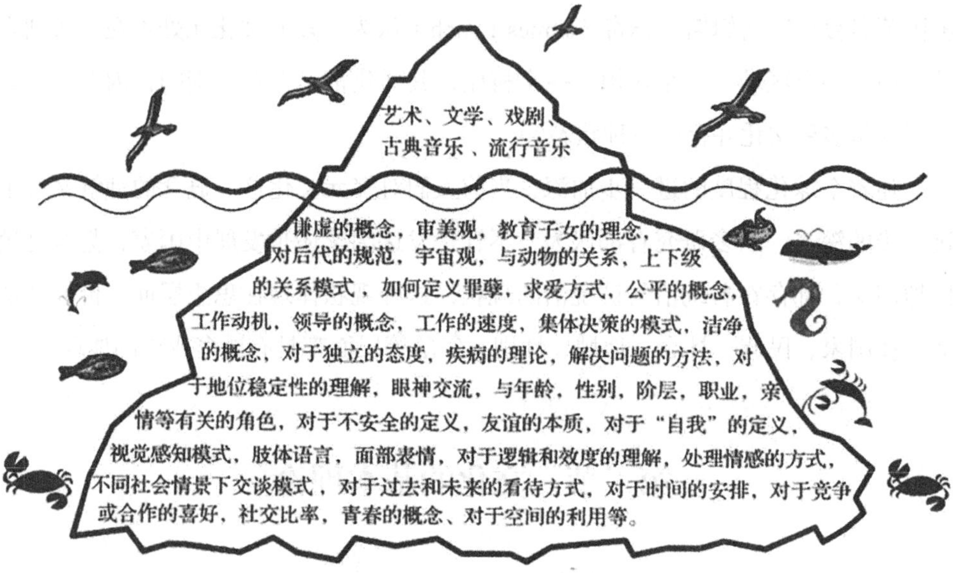

图 1-2-1　文化冰山模型①

二、个体主义—集体主义理论

霍夫斯泰德（Hofstede）提出的六大价值维度中的最重要的一个维度就是个体主义—集体主义，在本书中将个体主义—集体主义作为单独的理论来进行论述主要在于人们早在霍夫斯泰德文化价值维度理论提出之前就已经区分了个体主义—集体主义文化。部分学者持有这样的观点，他们认为早在 15 世纪的文艺复兴时代就产生了个体主义的取向，在 17 世纪以英国哲学家约翰·洛克（John Locke）为代表的哲学传统中得到了充分的体现。在洛克的观点中，提出了自然

① 图片来源：严明. 跨文化交际理论研究 [M]，黑龙江大学出版社，2009：36.

的基本单位是生物的个体。当然，一些哲学家还提出了在社会秩序建立之前，社会制度存在于为个人利益而产生的个体间的交往。个体主义在 20 世纪的时候发展到了顶点，深刻影响着早期美国社会的发展，被当时的经济学家亚当·斯密（Adam Smith）用来对经济建设进行指导。之后本杰明·富兰克林（Benjamin Franklin）在著作中将个体主义精神具体化，提出了“自助者天助”的观点。

在美国，20 世纪 90 年代，每一个个体都是完全与他人不同的独特个体，不管在思维方式还是在行为上都是不同的。每一个个体都是不依赖于他人而存在的，是自主的、独立的个体。隐私权作为个人主义的直接产物，群体取向的人并不能理解。在个体主义取向的社会中，隐私权是合理且合法的，甚至可以成为人们的最高需求。得到隐私权就可以获得最大的满足，如果隐私权受到侵犯，那么就相当于个体受到了侮辱。个体主义追求自由、追求差异，因此在行为、思想、言论等方面与他人有所差异，这种差异基本上与个体主义同义，备受个体主义的赞赏与推崇；在个体主义的观点中，顺其自然、保持一致是人格丧失的体现，是不值得被提倡的。

霍夫斯泰德的观点认为：衡量个人与集体联系是松散还是紧密的重要标尺是个体主义—集体主义这一价值标准。这个标尺是对特定的社会中的个人与集体之间关系的一种描述和反映，是对人们生活在一起的方式的展现，同时还会在各种各样的价值观中体现出来。在个体主义文化中着重强调个人与自我的成就，个人与社会、个人与集体的关系就是松散的，没有很强的依赖程度；相比较而言，集体主义则强调群体或者社区的和谐，强调整体的荣誉，集体主义与社会和集体的关系非常密切，有着很强的依赖性。在个体主义的文化观念中，注重个人目标高于集体目标，人们认为照顾好自身与亲人即可；在集体主义的文化中，集体目标高于个人目标，个人属于集体，在特殊情况下可以牺牲个人的利益保全集体的利益。个人主义文化的成员相较于集体主义文化的成员而言，有更多特定的、具体的群体，如家庭、各种社交俱乐部、宗教团体、职业组织等，这些群体影响着他们在特定的社会场合中的言行。与个人主义不同，在集体主义文化中，成员参加的社团只有几个，例如，在亚洲的集体主义文化中的社团有家庭、单位、工作、学校等，这些固定的社团会对成员产生深刻而持久的影响。对待圈内和圈外的人，个体主义文化的成员更加倾向于平等对待，对于集体主义文化中的成员来说，对待圈内和圈外的人更加倾向于采用不同的标准。因而，这就导致在不同的文化中同一种名称的社团有着不同的势力影响范围，一般来说，集体主义文化的社团影响力是高于个体主义文化的社团影响力。例如，在家庭这个社团中，在个体主义文化中主要指的是核心家庭，但集体主义中常指大家庭。与此同时，对于不同的集体主义的文化，因认识不同，各种组织的重要性排序也出现了较大的差异，如，在日本，相对于其他团体来说，工作单位如公司等是处于首要地位；在中国以及拉丁文化国家，家庭相对于其他团体来说处于首位。就地域分布而言，个体主义文化的国家主要集中在欧洲、北美、大洋洲，集体主义的国家主要分布在亚洲以及拉丁美洲。

比较美国、德国、中国、丹麦、日本等国家和地区，中国集体主义文化氛围浓厚，一直有“人民的利益高于一切”“关心集体，爱护他人”的思想观念；包括美国在内，个人主义强调最多的地方的人们多强调个性、张扬，对个体的感受和存在尤为重视。

尽管如此，对于集体主义来说，霍夫斯泰德的集体主义在内容上与我们所说的集体主义是不同的。我们所强调的集体主义是社会主义、集体主义的基本精神，是无产阶级的思想意识，从集体主义的角度和立场出发，将集体利益放到个人利益之上。在西方，集体主义指的是个人从属于社会集体，如国家、种族、民族、阶级等中的社会组织。当然在英语和汉语中，个人主义也有不同的含义。在汉语中，个体主义指“一切从个人出发，把个人利益放在集体利益之上，只顾自己、不顾别人的错误思想。个体主义是生产资料私有制的产物，是资产阶级世界观的核心”[①]。在英语中的个体主义，《简明牛津英语词典》给出的解释为：自我中心主义、利己主义、强调以自我为中心的做法和思想观念，对个人自由行动的社会理论持赞成态度。

跨文化研究者贾玉新在他的《跨文化交际学》一书中指出：“集体主义表现在两个方面，一是群体取向，二是他人取向。在群体取向影响下，中国人提倡凡事

① 商务国际辞书编辑部．现代汉语词典 [M]. 北京：商务印书馆国际有限公司，2017.

以家庭、社会和国家利益为重，个人利益在必要时可以忽略，可以牺牲，‘先天下之忧而忧，后天下之乐而乐’。在等级差别的社会，做事情要符合自己的身份：一言一行、举手投足严格遵循人伦界定的规矩，不可越雷池一步。在处理个人与集体或环境的关系方面，人们被要求做到‘克己守道’‘贵有自知之明’‘循规蹈矩’‘安于现状’‘自我压抑’，‘与集体或领导保持一致’。人们习惯于避免‘锋芒毕露’，因为‘枪打出头鸟’‘出头的椽子先烂’。个体主义被视为无父无君无友的忤逆，是要严加防范的恶行。”①

中国人相互合作、相互依赖是群体取向的必然结果。群体取向的影响既有积极的也有消极的：首先，在积极的方面，中国人谨慎、谦虚，注重相互合作，典型事件是全国人民在汶川地震后采取的各种支援，一方有难，八方支援。在这样的群体取向的影响下，中国人的性格呈现出含蓄、内向的特点，善于忍让，追求环境与身心的契合。其次，从消极方面来看，群体取向导致人们缺乏个人的竞争意识和进取精神。

中国人的他人取向表现在做事时，首先要考虑别人会怎么想和说什么，甚至会出现“人言可畏”的情况，这就导致中国人很看重面子，在言行上很不愿意得罪他人，在与人交际的时候强调万事以“和”为贵。

西方文化与中国文化相反，尤其是美国，在美国的文化中，民众对个体主义非常推崇，做事以自我为中心，从英语单词中包含以 self 为前缀的合成词多少可以看出这一特点（以 self 为前缀的合成词要超过 100 个，如：self-esteem，self-control，self-confidence，self-denial，self-dependence，self-re-spect 等），可以看出在美国生活中“个人”有着极其重要的地位。对于这一特殊的现象在其他语言的词典中是很少见的。与此同时，在美国人生活的方方面面都体现着个体主义。比如，在很多的美国家庭中，婴儿是单独在一个房间中或者单独在一个角落里睡觉，不与大人同睡；在孩子长大以后会尊重孩子的隐私，父母在进孩子房间之前要先敲门；在孩子长大成人之后，一般会搬出去居住。当然，在美国，朋友之间的关系也不会很亲密，在互相送礼物的时候也基本上不会送很贵重的礼物。

---

① 贾玉新 . 跨文化交际学 [M]. 上海：上海外语教育出版社，1997.

个体主义—集体主义作为文化价值尺度还影响着文化规则、文化标准，作用于文化交际。文化中的自我取向促进了对自我利益的追求和推崇；文化中的集体取向促进了对共同利益的追求。有时候同一件事情不仅是自我的还是集体的。

除此之外，个体主义和集体主义这个维度也很能说明一些问题。霍夫斯泰德在研究中表明，对于社会中的个体主义倾向和集体主义倾向的衡量是通过个体主义指数来衡量的，数值越大，社会中的个体主义倾向性越突出；数值越小，社会中的集体主义倾向就越显著。

不管是个人主义文化和集体主义文化都有相应的行为模式。值得注意的是即使两种文化同属于个体主义文化或者集体主义，这两种文化也都有自身的独特之处。

三、高语境交际与低语境交际理论

低语境文化和高语境文化的概念由美国的人类学家爱德华·霍尔（Edward T.Hall）提出。低语境文化和高语境文化这一对概念的提出，在跨文化交际中启迪了人们对交际与交际环境关系的研究，拓宽了人们在这一方面研究的视野和研究的角度。

（一）高语境与低语境交际的特点

霍尔认为，在高语境文化中，人们在沟通中拥有更多的信息量，这些信息要么包含在社会文化环境和社会情境中，要么内化在交际者的心中。在交际中的大部分信息传递都是通过环境语言、身体语言、人的内在素质来完成的，实际上，明显的语言代码中包含很少的信息量。这也就是说在高语境文化中的人们对于微妙的环境提示非常敏感。低语境文化中的人们对于微妙的环境提示敏感性较差，大部分的信息都是通过明确的编码语言来完成的，在隐性的环境中蕴含的信息较少，人们习惯于在交际时使用语言本身的理论来进行交际。霍尔指出，在高语境系统中的人们比在低语境系统中的人们会更加抱有期望。对于高语境文化中的人，在谈论自己的烦恼和忧愁时会希望交际方明白是什么在困扰自己，但不想具体说明，这就会导致在交谈中除了关键的点什么都谈了，能否领会自己的意思关键成为对方的任务。

当然，这样的比较是相对的，在所有文化中，高语境交际和低语境交际都存在。在一种文化中，只有一种交际方式——或低语境交际或高语境交际占主导地位的。可想而知，在不同文化中，交际对交际环境的依赖程度可能差距没有那么大，也可能出现天差地别的情况。比如，中西方文化在这方面有着巨大的差异。东方文化属于高语境文化、集体主义文化，交际风格呈现出委婉、和谐的特点；西方文化属于低语境文化、个体主义文化，交际风格呈现出直接、清晰、明确的特点。这也就可以解释为什么在人际交往中，中国社会注重“意会”，美国注重“言传”。在霍尔的观点中，美国、英国、加拿大、德国及北欧的一些国家属于低语境文化国家及地区；亚洲、南美、非洲、欧洲少数国家接近高语境文化范畴；日本则是由高语境文化向低语境文化过渡。

迪纳・R. 莱万是跨文化交际研究学者，他描述了非洲埃塞俄比亚的阿姆哈拉集体主义文化：阿姆哈拉人的交际方式是间接的，在谈话时常常说一些含糊其词的、笼统的话语，对一些事情守口如瓶。例如，当说话者不清楚表达其所指的是什么时，会问“什么更好”；说话人并没具体说明自己所要之物，就说“给我”。说话的人在对眼前的事情或者是他想要的东西进行打量时，他的回答不一定透露出他的真实想法。

莱万对美国的个体主义文化中的交际也进行了描述：在美国有着不同的生活方式，模糊交际的素质基本没有生存空间。在美国，交际的主流是直接和清晰的交际，常常可以听到“不要环顾左右而言他”“把话说出来”“说主要的”这样的言语。对于低语境文化的人来说，通常认为委婉交际风格会造成交际的低效。但实际上，高语境交际与低语境交际都有高效和低效之分，对于大多数的高语境交际来说是高效的，听者可以在具体的语境中对说话者蕴含的委婉信息进行解读。

我们所提到的东方文化属于高语境文化，西方文化属于低语境文化主要指的是东西方的主流文化。事实上，在东方文化中也有人喜欢采用低语境文化交流模式，喜欢可以用语言明确表达的场合，例如，教师在课上对知识的讲授。相对的，在西方文化中，也有人喜欢采用高语境文化交流模式，例如人们在借钱或者需要对不好的消息进行传达的时候，多会采用委婉含蓄的语言进行传达，而不是采用直接的、明确的语言。由此可见，对待东西方文化不能绝对化。世界文化的格局随着全球化进程的推进而在不断发生改变。

就当前中国而言，正在由高语境文化向低语境文化演变。当前，越来越多的中国人开始注重白纸黑字的合同，通过合同的方式减少口说无凭的麻烦。与之前相比，现在中国人所签的合同以及制定的奖惩条例、各种规章制度更加地细致和详细。与此同时，在人际交往中，人们更多地倾向于直接表达自己的观点看法，直奔主题，委婉的表达方式出现下降的趋势，少了很多弯弯绕绕。于西方而言，随着现代科学技术的飞速发展，系统论的诞生、量子力学和波粒二象性的发现以及混沌理论的诞生等，都印证了人与物都会受到环境的影响，这种影响是不容忽视的。总之，在当前的社会中，高语境文化和低语境文化正朝着对方悄无声息地移动。

（二）会话准则

1967 年，格赖斯（Herbert Paul Grice）（加州大学语言哲学家）提出了在低语境交际中协调社会交往的四个假设：第一，数量准则，即对于他人，个人不应提供太多信息；第二，质量准则，即人们只能说真话；第三，关联准则，即个人所说的话语应与当时的会话语境相关；第四，方式准则，对于让人费解的表达方法、过度的打扰以及模棱两可的话，人们应避免。以上这些准则并非高语境交际的特点。

诸如“当然”“肯定地”“绝对”这些绝对性词汇通常出现在低语境交际中。相反，在高语境交际中，经常使用“可能”和“也许”等修饰词语，避免给听者留下武断的印象是这些修饰词语的主要作用。在高语境交际中，信息的使用往往是模糊的、隐含的、间接的。当交际者的言行模糊、间接的时候他人就会认为他的回答与别人所说的无关，这与格赖斯的关联准则明显相悖。听者要想在高语境的交际中取得成功，必须有能力推断说话方式与说话内容的相关性。在高语境的交际中，一个善于交际的人必须能够“听一知十”。这一表述无疑强调了信息接收者的敏感性以及非言语信息获取在间接交际中的重要性。

在低语境交际中，真诚和诚实的人的特征是想什么说什么，这与格赖斯的质量准则相符。人们期望低语境交际的人能真诚地、坦率地交往，保持行为与感情的一致性。相反，在高语境交际中，人们期望可以保持群体内部的统一和谐，这就会造成交际中人们出现言不由衷的话语。在低语境的交际中，人们应该说出自己的想法，说出真相，这就要求人们在交流中保持坦率、开放，所谓的开放就是将自己的个人信息告知他人。因此，在低语境交际场合，个人信息是预测交际行为的必要条件。当一个人保持开放的态度，那么他们就不会矜持，很容易接触。开放的沟通者并不隐藏，而是更坦率地与他人沟通。在高语境的交际中，个体之间对于个人信息不会透露太多，因此，预测行为时个人信息参考意义不强，但是根据群体的信息如群体成员背景、年龄、地位等对预测行为更有参考意义。在高语境的交际中，交际者通常是沉默寡言的，并不开放，这在集体主义文化中属于一种积极的、主动的行为。

在低语境交际中常常要求表达准确，而高语境交际常通常出现说得不够、隐晦的情况。格赖斯的数量准则要求个人的话语量说得适中，即不多也不少。但是实际上，在高语境交际中，人们的话语量相对来说比较少，在交流的过程中会出现沉默、停顿的现象，另一方要想推断说话人的意图仅仅通过这些微信息是很难的。因此，在高语境交际中，数量准则与实际中的信息传递背道而驰，一般是犹豫且话语量不足，很少有过分的口头表达。在高语境交际里，一个人所说的话语量与别人对他 / 她的印象有关，特别是与可信赖度成反比。换句话说，话越少越可信。但是在低语境交际中，沉默需要进行填补，他们认为沉默是一种交际的中断，会有不舒服的感觉，并且还会认为这违反了会话数量准则或关联准则。相反，在高语境交际中，沉默并不是一种存在于交际空间中的虚无状态，而是一种交际行为。有些人认为，不同意、尴尬、信任、不被允许这些都可以通过沉默来表达。这一特征在不同的文化中具有不同的重要性。一位精通日语的美国教授分享了他在日本一所大学中的经历：有一天，他参加了一个漫长的系务会议，在会上用日语发表了演讲。会议结束时，他告诉日本同事，系里显然已经做出了决定，主要原因在于 X 教授支持这样的决定，其他教授也支持。事实上，这次会议作出了与美国教授相反的决定。尽管美国教授听明白了人们的对话，但是对于其中的沉默并没有理解。

四、霍夫斯泰德的文化维度模式

霍夫斯泰德在其关于文化差异的试验性研究的背景下提出了与之相关的文化的观点。IBM 公司想于 20 世纪 70 年代在全球的各个工厂建立统一的管理标准和管理程序，但是在不同的国家存在巨大的差异，比如在日本和巴西。对于这种差异，霍夫斯泰德通过采访和问卷调查的方式发现这与该国的文化有着密切的关系。“人的头脑中的一种集体共有的程序，它能将一类人与其他人区分开来”是他对文化的描述。霍夫斯泰德经过多次的研究将文化差异归纳为四个维度，对于各个国家中出现的差异基本可以适应这个基本维度中的一个或者几个来进行解释。这些维度是：一是权力距离，二是不确定性规避，三是男性化社会 / 女性化社会，四是个体主义—集体主义维度。后来，经过对研究的完善，他增加了时间取向维度。本书在前文已经就个体主义—集体主义维度进行了论述，下面主要讨论后四个维度。

（一）权力距离

权力距离主要可以用来表示一个社会能够接受一个组织或公司成员之间权力分配不平等的程度，权力距离与等级有密切关系。各个国家在权力距离这个维度上，由于对权力赋予的意义有所不同，故而各国之间也存在较大的差异。在有些文化中，对于地位、权威、年龄、资历等特别重视，在有的文化中对于这些就不在乎，重要性较低。

在这个维度，霍夫斯泰德认为人与人之间的平等问题是基本问题。权力的不平等在不同的群体中是不可避免的和功能性的。等级制通常是这种不平等的形式。在所有的社会层次中都包含权力距离，比如官场、家庭、朋友间。每个社会都有不同的方法来处理权力不平等问题，这种不平等形成了不同的价值观。权力距离指数反映了权力距离的差异。在一个权力差距很大的社会里，人们更容易接受一个更强的等级制度，安心于自身的位置。墨西哥、菲律宾、委内瑞拉、新加坡、印度、巴西、法国、哥伦比亚等都是权力距离指数较高的国家和地区。权力距离指数小的社会，人们接受较弱的等级制度，澳大利亚、丹麦、以色列、爱尔兰、新西兰、挪威、瑞典、瑞士、芬兰等都是权力距离指数低的国家。

胡超在《跨文化交际：E-时代的范式与能力构建》一书中指出："权力分配距离大的文化成员（如上司认为自己不同于下属，下属也认为自己不同于上司）认为权力是社会的一部分，重视强制的权力。而权力分配距离小的成员则相反，相信权力只有在其合法时才可用，倾向于专家或合法的权力。在总结权力分配距离大的文化与权力分配距离小的文化时，霍夫斯泰德发现在权力分配距离小的国家，下属对上司的依靠有限，崇尚协商解决问题，下属与老板的关系是互依的，他们彼此间的感情较小，下属可以随便地接近老板，并提出与老板不一样的看法。在权力距离分配大的国家，下属对上司有较大的依赖。下属通常有两种表现：一种为喜欢这种依赖，另一种为完全拒绝，也就是心理学上所说的反依赖，这也是一种依赖，只不过表现为消极的一面。权力距离分配的尺度在于不同地位的人们间的关系（上级与下级）。"①

（二）不确定性规避

不确定性规避是指一个组织或群体在多大程度上感受到不确定因素的威胁，并通过制定安全规则等手段试图规避不确定的情况。在霍夫斯泰德的观点中，人们对于未来这种不确定的因素，主要的抵抗途径有三种：一是科技，通过科技抵抗大自然的不确定性；二是法律，通过法律来抵抗其他社会成员的不确定性；三是宗教，通过宗教来解决人们目前无法解决的死亡问题和来世的不确定问题。霍夫斯泰德的研究中表明，对于不确定性状态，不同的文化和民族在回避倾向上有很大的不同，有的民族将不确定性的、未知的看作大敌，会想方设法进行避免，但是有的民族则相反，会采取坦然面对的态度，认为"是福不是祸，是祸躲不过"。

避免不确定性的强弱程度可以通过不确定性回避指数反映。具有高度回避性的文化，为了规避各种不确定因素，会采用安全措施、规章制度、信仰绝对真理的方式。在这样的文化心理中，对待事情比较"较真儿"，在心理上很难忍受模糊的事情，因此为了减少不确定性，会通过制定一系列的行为规范来进行规避。希腊、比利时、葡萄牙、日本、法国、秘鲁、智利、阿根廷、西班牙等国家的文化属于这类文化范畴。具有高度回避性的文化中，人们更加忙碌，常常会喜怒形

① 胡超.跨文化交际：E-时代的范式与能力构建[M].北京：中国社会科学出版社，2005.

于色、坐立不安、积极活泼，情感是其文化对规章、法律的需要基础。这就导致一些根本性改革的观点和想法不利于在这样的国家和文化中产生，但是有利的一方面是这有利于培养人们守时的特质、精细的特质，可以将他人的一些创意和想法付诸实践，使这些想法和创意在实际生活中变为现实。与之相反，具有低程度回避性的文化对待模棱两可的事情很有能力应付，并且没有心理的压力，对于一些比较反常的行为和观点具有很强的包容性，在这样的文化中，有着很少的规章制度，可以允许不同的主张和观点同时存在于哲学和宗教方面。新加坡、瑞典、丹麦、英国、爱尔兰、菲律宾、印度等国家或地区都属于这一类文化的范畴。这些文化中的人们更加地冷静沉着，也更加地随遇而安，喜静不喜动，喜欢懒散怠惰，人们在感情上对于成文法规是接受不了的，只有在绝对必要的情况下才会立法，否则不会轻易立法。在这样的文化范畴中，人们对于各种思想以及各种的主义都有很强的包容性，因此会出现很多的根本性变革的想法与革新，但是将这些思想付诸实践却并不擅长。

胡超《跨文化交际：E- 时代的范式与能力构建》一书中指出："避免不确定性程度高的文化成员比避免不确定性程度低的文化成员在对不确定性与模糊性以及不同的思想行为的容忍度上要低得多，因而，表现出高度的焦虑、要求正式的规则与绝对的真实等特征。避免不确定性程度低的文化成员则表现为较低的焦虑感，比起避免不确定性程度高的文化成员更能接受不同的意见，更愿意冒险。"①

对于避免不确定性程度高的文化，其更加倾向于对所有情境的行为有明确的规则。在这类文化中，通常在避免竞争与冲突的情况下，敢作敢为的行为可以被接受。在避免不确定性程度高的文化中接受不了异常的行为，对集体保持一致性有强烈的愿望。在避免不确定性程度低的文化里，其规则与避免不确定性程度高的文化中的规则相比，界限并没有那么分明，也没有那么严谨和清晰。霍夫斯泰德认为，避免不确定性和避免风险是不等同的。对于避免不确定性程度高的人们而言，需要避免的是模棱两可的不确定性，如果有必要会不惜使用一切手段使得事情变得明朗。避免不确定性程度高的文化群体认为"不同的东西是危险的"，避免不确定性程度低的文化群体认为"不同的东西是有趣的"。

---

① 胡超 . 跨文化交际：E- 时代的范式与能力构建 [M]. 北京：中国社会科学出版社，2005.

（三）男性化社会 / 女性化社会

男性化社会 / 女性化社会维度主要用来表明性别在多大程度上决定了男女在一个社会中所扮演的角色。在霍夫斯泰德的研究中，将这种基于性别角色分工的“男性化”趋势称为男性或男子汉气概所代表的维度，这意味着在社会中，两性在社会中的性别角色有着明显差别，坚强、自信、注重物质成就是男性的代名词；温柔、谦逊、注重生活质量是女性的代名词。与之相反，女性或女性气质所代表的文化维度（女性度）被称之为“女性化”倾向，这意味着两性在社会中的性别角色出现了重叠，在这样的社会中，不管男女都非常恭顺、谦逊，同时注重生活的质量。

用男性度指数来衡量男性化社会 / 女性化社会的倾向性，如果男性度指数的数值越大，则在社会中的男性化倾向就越明显，男性的气质也会越来越突出，较为典型的国家是日本；与之相反，男性度指数的数值越小，社会中的男性化倾向就越弱，女性的气质突出，男性气质会出现弱化。

在男权文化盛行的社会中，有着非常明确的社会性别角色，例如，男性总是被认为是专断的、强势的、注重物质成就的群体；女性则被认为更温和、更谦和、更关注生活质量的群体。在男性气质特别盛行的社会和国家中，有着非常激烈的社会竞争意识，对于成功的衡量标准是功名、财富，在这样的社会中赞赏、鼓励工作狂，对于组织中的冲突问题推崇使用一决雌雄的方式来解决，在这样的文化中，非常注重工作的绩效，强调竞争与公平，对于人生的看法——“人生是短暂的，应当快马加鞭，多出成果”，对于生活的态度——“活着是为了工作”。

在女性文化的社会中，他们的性别角色是重叠的，比如，不管是男人还是女人都被认为是谦和的、温柔的，都很在乎生活质量和品质。在女性气质特别突出的国家，人们追求生活的质量，对于冲突喜欢通过谈判与和解来解决。在这种文化中，对平等、团结特别强调。通常人们认为，物质上的占有与满足并不是人生中最重要的事情，而最重要的则是心灵上的沟通。“人生是短暂的，应当慢慢地、细细地品尝”是这个文化中的人生信条，对于生活的看法和态度——“工作是为了生活”。

在一个男性化的社会里，社会成员的关注点在于野心、业绩、权力、物质和自信。在女性化的社会中，社会成员的侧重点在于生活服务、生活质量、关爱他人，并且非常善于养育。霍夫斯泰德认为在男性化的社会中，女性往往承担着关心、温柔的角色。在女性化的社会中，男性或者女性都可以承担这样的角色。

一位父亲若是在男性化社会中，往往处理孩子除了感情以外的问题，孩子的感情问题由母亲来处理和解决，基本呈现严父慈母。一位父亲在女性化的社会中，需要和母亲一起处理感情问题以及其他的问题。在男性化的社会中，对于员工来说，生活是为了工作，更加强调对自我的发展；与之相反，在女性化的社会中，工作是为了生活，更加注重相互关系的和谐发展。

在所有的社会中，都有男性文化和女性文化现象，这二者有一种处于社会中的主导地位。社会中以男性文化为主的国家或者地区有：阿拉伯、意大利、德国、奥地利、日本、瑞士、新西兰、墨西哥、委内瑞拉等；社会中以女性文化为主的国家或者地区有：智利、丹麦、哥斯达黎加、荷兰、芬兰、瑞典、葡萄牙等。得注意的是，这四个价值维度衡量的是一种文化和一个社会具有该价值的相对程度。

（四）时间取向

孔子的儒家思想对东方国家有着深刻的影响，特别是对中国的影响十分深远。霍夫斯泰德在前四个价值维度的基础上增加了长期取向 / 短期取向作为第五个维度。这个维度主要用来表明是传统和过去发生事情影响社会的决策程度高还是现在或将来影响社会的决策程度高。例如，本地区的历史对于本地区的今天和未来的发展有着怎样的影响，有多重要？当人们向他人炫耀自己成长的地方时，是谈论过去，还是现在，还是将来？长期取向注重“节俭”“坚忍不拔”“非常珍惜将来”“有羞耻感”；短期取向强调“尊重传统”“保护面子”“个人的稳定”“珍惜过去和现在”。

因为对文化的试验性的研究得到了很多的支持，霍夫斯泰德也因此得到了很多的赞许，这是很难得的。但是，美中不足的是霍夫斯泰德的模式并没有对为什么只有五个维度进行解释，也没有对文化的基本组成部分只有这五个维度的原因进行解释。此外，这一模式暗示了文化是静态的而不是动态的，那么为什么不能用它来解释文化的发展呢？再者说，霍夫斯泰德的关注点在于有民族特性的文化，对于现代社会的文化差异并没有关注，也没有关注到混合文化、亚文化、个体的发展，因此导致霍夫斯泰德受到了批判。并且在其维度的描述中蕴含着某些文化比其他文化“更好”的倾向。对于大部分的读者来讲，从直觉上来看，这五个维度与社会的组成是相关的。

五、克拉克洪与斯多特贝克的价值观取向

较早提出文化理论的是美国人类学家佛萝伦丝·克拉克洪（Horence Kluckhohn）与弗雷德·斯多特贝克。价值取向指的是确定的但是复杂的模式化原则，它与解决人类的普通问题有关，指导着人的行为和思想。在这个模式中共有人性取向、人与自然的关系取向、时间取向、活动取向和关系取向五个价值取向。

以下三个基本的假设是克拉克洪与斯多特贝克的价值取向理论基础：

（1）任何一个时代的任何一个民族都必须为某些人类的共同问题提供解决方法；

（2）对于问题的解绝不是任意的，也不是无限的，是在一系列的选择或者价值取向中的变化；

（3）在所有的社会和个体中都存在着每种价值取向，但对价值取向的偏好每个社会和个体是不同的。

克拉克洪与斯多特贝克所提出的社会对解决这些问题所青睐的方法就是这个社会价值观的反映。对此，他们提出了每个社会都需要解决的五个基本问题：

人性取向——人性本善、人性本恶、善恶都有；人与自然的关系取向——征服、和谐、服从；时间取向——过去、现在、将来；人类活动取向——存在、成为、做；关系取向——个体主义的、附属的、等级的。

（一）人性取向

人性取向涉及人类本质的、内在的特征。在克拉克洪和斯多特贝克的观点中，认为主要从两个方面考虑回答人性取向的问题：一方面明确人性是善、是恶，或者是善恶的混合体；另一方面需要考虑人性是不是变化的。并且他们还提出了

对于善恶的混合体可以是善恶都有的，也可以是无恶无善。因而，在对人类的本质这个问题进行回答的时候，我们可以有以下几种解决问题的方法：一是人性本恶但可变，二是人性本恶但不可变，三是人性善恶均有但可变（或变好或变坏），四是人性善恶均有但不可变，五是人性无恶无善但可变，六是人性无恶无善且不可变，七是人性本善但可变，八是人性本善但不可变。

对于善恶，不同文化中的人们有着差别很大的看法，在西方文化中，由于受到基督教的影响，所以推崇“原罪说”，相信“人性本恶”；但是与之相反的中国文化中，受到儒家学说的影响比较大，相信“人性本善”。例如，在中国，儒家思想一直处于主导地位，“性善论”是儒家思想最基本的理论基础。人的本性是善良的，在孟子的观点中，这是人与动物的根本区别。对于人的性善就如同水向下流一般，是没有例外的。《三字经》是中国古代流传于世的教子歌，这其中的第一句就是“人之初，性本善；性相近，习相远”，意思是说，人的天性（本性）是向善的，是好的。在儒家的观点中，这种本性具有普遍性以及相似性，但是，随着后天的环境变化以及生活习惯的变动出现了行为上的各种差异，从而出现了与“善”背离的现象。虽然在春秋战国时期就有关于人性善还是人性恶的争论，就中国当前的主流文化来看，依旧是秉持性本善的观点和看法的。因而，在对具体的文化进行分析的时候，不可以武断，不能将某一种取向强加给这个文化中的每一个人。

（二）人与自然的关系取向

从克拉克洪与斯多特贝克的价值取向理论中可以得知，征服自然、与自然和谐相处、服从自然是人与自然之间存在的三种关系。

对于人与自然的关系，儒家的人性观从天人合一的角度来解释。在儒家思想中认为，人与自然的融合既是人性的必然，又是人所追求的目标，表现了天人合一的思想。孟子认为尽心即能知性，知性就能知天，主张将人的心性与天相联系。在《孟子·离娄上》提出了：诚者，天之道也；思诚者，人之道也，强调人应该顺从天，顺天而行。人们要追求天人合一，需要将天赐给人们的东西保存好，并给予补充完善，最终实现发扬光大。

而西方人文主义则主张通过生活中的意志与理性改造环境，鼓励人们享受现世的物质生活，征服自然。在这种取向中认为，所有的自然力量都可以被征服和利用，而且应该被征服和利用。

在上述的两种取向外，还有一种取向是服从自然的人与自然关系。例如，大多数东南亚人对于东南亚海啸事件都将其归因于自身的命运，认为遇到海啸是上天的安排，虽然很悲伤，但是不会抱怨。还有一部分东南亚人认为人类冒犯了自然才会出现天灾，天灾的出现是对人类的报应。但是在美国却恰恰相反，美国人认为人类可以通过设计更加精准的仪器或者提前做好应灾准备就可以完全避免灾害的发生。

（三）时间取向

人的时间取向主要可以分为三种：过去取向、现在取向、未来取向。过去取向强调对历史和传统的尊重；现在取向强调当前和短期；未来取向强调变化和长期。

在高度重视传统的文化里常常是过去时间取向。在重视传统的文化中，人们常常认为生命是遵从上帝的意志或者传统而预定好的轨道，注重家庭关系，尊崇祖先。在中国人的观念中，人们对“过去”非常地忠实，尊重老人、老师，尊崇祖先，对年龄与经验特别地忠实，因为不管是年龄还是经验都与“过去”相关，因此，过去取向一直左右着中国人的思维方式和行为。对于未来，在中国社会中的人们兴趣不大，除非是理想的未来或者是遥远的未来。在中国社会中，人们在做事情之前通常会考虑要做的事情过去是否有人做过，有什么可以借鉴的经验，可以吸取什么样的教训，这就导致循规蹈矩成为社会规范的一种。

对于现在时间取向的人们而言，主要关注的是现在的事情，对于过去已经发生的和未来可能发生的事情关注度很低，基本上不会关注，人们对于未来几乎不会做打算，只争朝夕，注重短期和眼前。有些国家在时间观念上是现在取向，对于未来的事情不愿意多做预测，从属于现在时间取向文化的还有菲律宾、美国亚利桑那州北部印第安人、拉丁美洲一些国家。和其他的文化相比，这些文化在对待时间的态度上具有很强的随机性和随意性，对时间持有一种满不在乎的态度，这很容易让西方人产生误解，认为这样是效率低、懒惰的体现。

未来时间取向的文化非常注重变化。变化在时间取向的文化中认为是有益的并且也是必要的，对于过去是过时的应该摒弃。在克拉克洪和斯多特贝克与霍尔的观点中，美国是典型的未来时间取向文化。在美国社会，各种新产品层出不穷、包装更迭速度很快，在他们的观念里，这样很容易吸引顾客前来购买。与之相反的是中国，是典型的过去取向，因此人们相信老字号和老品牌。

（四）活动取向

人类的活动取向有三种倾向：做、存在和成为。在美国，强调“做”，强调行动，只有不断地做事情，一直处于运动之中才更加有意义，因此美国人非常勤奋地工作，通过勤奋工作使得自己可以获得晋升，创造更多的价值。与此同时，他们还非常注重活动的类型，活动通常有外在的形式，在美国这种形式必须是可以量化的，看得见摸得着的。在美国，在对一个人进行评估的时候，通常会问“他/她有什么成就？”“他/她做过什么？”，若一个人只是坐着思考，那么就相当于什么也没有做，主要在于思考是不能被量化的，不可以被测量。

与“做”取向截然相反的是“存在”取向。在“存在”取向中，耐心、安然并非无所事事的行为，而是一种美德。中国是典型的“存在”取向社会，倡导“以不变应万变”“以静制动”。所以，在中国，要想对一个人进行了解，人们通常是先对这个人的背景进行了解，比如教育程度、家庭出身、社会关系、工作单位等。

“成为”取向不注重我们做了什么，强调的是“我们是谁”。在“成为”取向中，人们的活动中心在于在不断发展的过程中努力提升自我，成为更好的、更完整的自我。

（五）关系取向

人类在处理人与人之间的关系时，克拉克洪和斯多特贝克认为也存在三种取向——个体主义取向、等级制取向、附属性取向。首先，个体主义取向，个体主义取向的特征是个人自治，每个人都是独一无二的个体，在个体主义取向中，个人的目的与目标优先级比群体的目的与目标高。其次，等级制取向，在等级制取向中非常强调群体，群体的目标比个人的目标和目的的优先级要高。在等级制取向的文化和国家中，群体有不同层级的等级，每个层次的群体有着稳定的地位，时间并不会改变这一现状。等级社会多为贵族统治。最后，附属性取向，附属性取向对群体也非常重视，但它不是一个具有时间连续性的群体，而是一个与个体在时间和空间上关系最密切的群体成员。实际上，在附属性取向中不考虑具体的人，而是考虑人们的群体成员身份。如，在中国，人们常常将自己视作群体中的一分子，认为个人应该尽可能合群，避免特立独行，需要与群体保持和谐的关系和状态，当个人利益与集体利益发生冲突的时候需要保全集体利益，牺牲个人利益。但是美国与中国恰恰相反，在美国，人们认为，每个人都是独立生活的个体，需要为自己负责，强调个人的独立。因此，在美国，大多数的青年会离开家独立生活，就算学校和工作的地方离父母家很近，也不会同住，会另外找房子，独立生活。

对于现实中的文化差异问题，可以用克拉克洪与斯多特贝克提出的五大价值取向理论来理解文化差异现象，并且能对文化中的一些“异常”行为作出合理的解释。克拉克洪与斯多特贝克根据自身的研究得到了以下结论：在这五大问题上，不同的民族、不同的国家有着不同的观念，这些观念会深刻影响人们的生活态度和工作态度以及当前的行为模式。但是在这个理论中并没有对更深层次的产生原因进行分析，没有探索为什么不同国家和不同民族在五大价值观方面有着巨大的差异。

六、霍尔的文化行为构成

从实践的角度，爱德华·T. 霍尔（Edward Twitchell Hall Jr）和米尔德丽德·里德·霍尔（Mildred Reed Hall）提出了他们的文化模式，这两位学者想给一些在外工作和旅行的美国商人一些建议。这两位学者研究了很多不同文化背景的人之间的开放性的、深层次的会晤，这些可以为美国商人提供借鉴，美国商人有很大的概率会与这些人进行合作。他们的研究集中在一些微妙的行为差异，这些微妙的行为差异导致了跨文化交际冲突。根据他们的研究，他们提出了几个差异维度，这些维度有的与交际模式相关，有的与时间有关，有的与空间有关。

（一）快信息和慢信息

所谓的快信息和慢信息主要指的是某一个特定的信息被解码然后执行的速度。快信息包含广告、电视、标题，慢信息包含电视纪录片、艺术、深层次的关系等。因此，快信息人群的显著特征是很容易被熟知的。在慢信息文化中，要想对一个人彻底地了解需要很多时间。就交朋友而言，在有些文化中比所需时间要短，易熟知，所以是典型的快信息文化的表现。

（二）领土

与领土有关联的是物理空间的组织。举个例子，如果一个人认为自己的办公桌属于个人的领域，在他人未经过本人允许的情况下就将属于个人领域的书拿走，这会使他感到不高兴。领土维度是权力的标志，也是人们对于自身周围事物的物质感与空间感。

（三）个人空间

个人空间指的是一个人离别人多远才能感到舒适。这两位学者形容个人空间是一个“肥皂泡”，任何时候都覆盖着每个人，随着情境和与之互动的人，“肥皂泡”的大小会发生变化。当与亲密的朋友交流时，他们之间的距离比与普通人交流距离更加近一点。“肥皂泡”可以用来表明与他人的距离有多远才是合适的。有的时候离得太远会被误认为是有意疏远，有的时候人靠得太近会让人感觉不舒服，因为超过了恰当的距离，会产生压迫感。如果一种文化中的常态交谈距离与另一种文化中的亲密距离基本上是一致的，那么这两种文化的人在进行交际的时候会因为对同一个距离的不同解释产生误解或者问题。

（四）多维度时间取向和单维度时间取向

所谓的单维度时间取向指的是一次只做一件事情，按照计划有条不紊地进行，在不同的时间去完成不同的任务。在单维度时间取向的文化中，时间具有很强的实用性，时间可以被视作一种资源，可以被谈论和触及，即度过时间、浪费时间、节省时间。单维度时间取向中时间是线性的，就如同一根可以从过去延伸而来，又伸向未来的线。时间成为构成每一天的工具，比如，人们会说“没有时间”去干什么事情。与单维度时间取向相反，在多维度时间取向中，人高度参与到社会中，一项任务同时被很多人一起完成，这就表明与坚持计划完成自身的事情相比，需要更加注重与其他人之间的关系。在多维度时间取向中，时间不是资源，也不是一条线，而是一个点。

爱德华·T. 霍尔和米尔德丽德·里德·霍尔将这些维度看作是相互联系的。在这两位学者的研究中，低语境、多维度时间取向、允许生活区分的空间设计这三者的关系非常地密切。除了上文所论述的这几个维度之外，这两位学者还提出了一些值得关注和研究的概念。例如，会议应提前多久通知，如何做到准时以及信息在一个系统中的流动速度问题——无论是在按等级划分的系统中上下流动还是朝各个方向进行移动，如互联网。

爱德华·T. 霍尔和米尔德丽德·里德·霍尔认为美国商人在与其他文化接触的时候，可以意识到文化具有差异性，尽可能适应目的文化中的不同行为方式和思想观念。两位学者通过对不同文化的主要概念进行描绘，提出了在跨文化交际中会遇到的文化差异，这对很多的读者来说是可以被认知的。尽管如此，学术界对此还是提出了批评的意见。最开始，两位学者将他们的维度设计成相互独立的部分，后来成为一种一维的文化模式，他们没有对这些文化特征后所蕴含的真正原因进行研究，比如，没有研究文化是动态发展还是静态发展的，同时在跨文化交际中个体如何处理自身的文化背景方面涉及很少。

七、帕森斯的模式变量理论

美国社会学家塔尔科特·帕森斯（Talcott Parsons）是结构功能主义的代表人物。塔尔科特·帕森斯与席尔斯等人合著了一本书，名为《一般行动理论刍议》，在这本书中提出了模式变量。帕森斯通过模式变量这一工具对互动过程中行动者的主观取向和社会系统性质类型进行区分。帕森斯将行动者与其他行动者在互动过程中将会面临的五个方面的选择（解决五个必然出现的问题）概念化为五对范畴，这五对范畴一方面可以用来对行动者的主观取向进行描述，另一方面可以用来说明行动基础上形成单社会系统的性质。模式变量可以成为分析和描述不同社会、不同价值观、不同规范的方法。对于社会中所有的规范、角色、价值观、子系统、制度，甚至整个的社会都可以通过这些模式化的变量进行分析和归类，进而为跨文化的比较提供依据。

（一）情感与情感中立

情感与情感中立取向主要指的是在与他人的关系中，是按照情感来行事还是按照情感的中立来行事。人们在情感取向的社会里，会及时地表达情感的满足感；人们在情感中立取向的社会里，会对情感进行控制，在将来表达情感的满足感。情感中立取向的典型是美国主流文化，在美国，人们以认知的信息为基础做出决定，与他人的关系是松散的关系；情感取向的典型是拉美文化，拉美国家的人们通常会根据感情对事情做出回应和决定。

（二）普遍性与特殊性

普遍性和特殊性是指行为人在与他人的关系中是否按照普遍规则或自身的某种特殊参照方式行事。普遍性取向的人们在交往的过程中会有一个标准的模式，在这样文化中的人们习惯于用同一种方式在不同的场合与陌生人进行交流。普遍性取向的典型国家是美国、英国、德国、澳大利亚、瑞典。

与之不同的是，特殊性取向的人们在交往中根据交际场合的不同有着不同的交际模式，在这样文化中的人们习惯于在不同的交际场景中使用不同的方式与陌生人进行交流。特殊性取向的典型国家是中国、印度尼西亚、韩国、尼泊尔、委内瑞拉。

（三）扩散性与专一性

所谓的扩散性与专一性指的是行为者与他人的关系是在特定的具体范围之中还是一直处于一个比较宽泛的、不固定的范围之内。在帕森斯和席尔斯提出的理论中，对于社会对象，行动者一主体具有未明确界定、较为广泛的意义，因而，对于社会对象的任何要求都需要满足，这是一种义务，除非这个要求会强迫行动者—主体完不成在价值量表中优先性更高的义务。在这样的状况下，对于行动者—主体而言，对象具有广泛的意义范围。反之，对于行动者—主体而言，社会对象可能具有界限清楚、狭隘的意义，这就导致在没有清楚界定两人的关系时，行动者—主体不会赋予任何义务。在这样的情况下，我们认为对于行动者—主体而言，对象具有特定的意义。换句话说，如果双方全部投入到互动关系中，那么这种情况下的相互给予或取得的满足具有广泛性和不受限定性，这就是扩散性的互动，主要特征是被要求的一方有义务对这一要求无法满足的原因、理由做出解释。

如果互动双方之间的义务是被明确限定的、是狭窄的，这就是专一性的互动，主要的特征是提出要求的一方具有对这项要求进行证明的义务。

（四）品质与成就

品质与成就主要是说明在与他人的关系中，侧重于他的成就和表现还是侧重他身上与生俱来的，如年龄、性别、民族、种族、家庭传统等性质。在美国，成就取向占主导地位，人们通常会将预测的他人行为的社会文化建立在他人通过自己努力获得的群体成员资格之上；在品质取向文化中，人们倾向于将社会文化预测建立在他人所出生的群体之上，如年龄、性别、民族、种族、社会阶层等。在中国、印度尼西亚、印度等国家，品质取向占主导地位。

（五）集体取向与自我取向

在互动中，首先或优先考虑的哪一方利益就可以分为集体取向和自我取向。自我取向就是将自身的利益放在优先的位置，与之相反的是集体取向即将对方或者整体的利益放在优先考虑的地位。

任何制度化的社会关系都是以上五种选择的结合体。但这并不是说，在特定的状况下，行动者在处理人际关系的时候可以随意地做出以上这些选择。在帕森斯的理论中，模式变量组合在特定的社会关系中是由社会文化中加之规范预先规定好的，是稳定的，也是既成的。某些模式变量的组合是社会文化系统中价值规范的制度化结晶，并非建立在个体行为者偶然、随机选择的基础上。社会关系结构由制度的价值规范进行支撑。在进入某种社会关系时，行动者不可以对这种关系结构进行随意改变，需要对各个角色关系中社会文化对这五对变量所作的抉择，根据具体的情境来对自己的主观取向进行调整。为了保持平衡的互动关系，需要有符合规范取向的行动，只有这样互动过程才能不断推进，使行动者能够成功地、顺利地实现自己的目标。

八、雅克·德莫根和马奎斯·莫兹关于文化的讨论

雅克·德莫根（Jacgues Demorgon）和马奎斯·莫兹（Markus Molz）反对引入其他文化模式。对于任何文化的定义都存在着一定的偏差，主要原因在于任何人都不可能摆脱自身的文化限制对文化进行定义。因此，德莫根和莫兹的论述定位在审视关于文化的讨论方面，定位在人们可以从讨论中的收获方面。在文化的讨论中基本会有一定的争议内容，基本有以下几个争论的焦点：

（1）如何处理文化既具有持久性、稳定性的结构，又具有可变性和创新性的现象。

（2）对“文化”与“跨文化”的关系如何处理，是先有文化，然后才有文化影响跨文化交际者，还是在与其他文化的相互作用中文化始终存在。

（3）人们是否应该更多地关注全人类的一些共性层面的问题，即每个人身上都具有的特征，把人类看成多个个体，文化是这些个体的特征，或者说全球文化只有一种。还是应该对文化的作用特别关注，承认世界的差异性，把人看作各个文化群体的成员，每一种文化都有自己的优势。

（4）改变是否意味着威胁。

（5）一个国家文化的多样性到底是文化形成的前提条件还是对“原有”文化的威胁。

（6）对于国家的所有居民，是否都应被视为多个个体，平等对待，就如同法国的个人权利模式；还是说国家的所有居民被当作不同群体中的成员，享受这个群体所可以享有的权利，例如，在荷兰，不同的群体组成了社会，每个群体都有相应的组织和机构。

德莫根和莫兹为了缓解这种压力，提出了“文化模式”的观点，只有文化与适应性联系在一起的时候人们才有可能会理解文化。长期以来，人们一直面临着一个挑战，那就是如何在自己的需求、想法等内部世界和环境、他人等外部世界之间建立持久的关系。人们在具体的环境中将之完成，因此，具体的环境就构成了分析的基础。在这样的环境中，每个人都可以对周围的事物产生影响，也就是说，个体会塑造他们的环境；与此同时，周围的环境也会影响每个人，也就是说，环境会塑造个体。塑造环境和被环境所塑造是“适应”的两个方面。

德莫根和莫兹将适应的一面定义为“同化”，在“同化”的过程中，人们会根据自己的需求对外部世界进行调整，也就是说将外部世界融入当前自身的头脑之中。举个例子，孩子们在玩沙子的时候，会将一堆比较高大的沙堆当作珠穆朗玛峰。在这个过程中，沙堆是外部世界的事实，当作珠穆朗玛峰是孩子内在的想象。孩子们爬上沙堆后，就会认为自己已经爬上了珠穆朗玛峰。这就是说，将事实等同于自己的想象，这种对于事实的理解已经成了孩子们行动的框架。孩子们爬上去的不是沙堆，而是珠穆朗玛峰。事实上，不只是孩子会进行同化，大人也会如此，当第一次与某个人相见时，会对这个人留下一个印象，我们会根据这些很少的信息去推断对方是一个什么样的人，并且还会运用一些头脑中的定式，也就是原有信息来了解这个人，以此帮助我们确定和这个人打交道的方法。

适应的另一面为“融合”。这就是说在这个过程中，随着外部信息的变化，头脑中的框架也会发生变化。在与他人进行交往的时候，可以最初通过定式来对对方的行为举止进行理解，但是在经过一段时间之后，我们会发现事实并非如此，事实与我们头脑中的定式或者框架并不相符，因此，会进行适时调整。

极端的融合和极端的同化是没有好处的。在极端的融合状态下，我们会被外界的各种信息压得喘不过气，我们会用“新鲜”的眼光看待一切，我们的理念、想法也会不断变化；在极端同化的状态下，我们会对事实进行否认，这不利于生存。

总的来说，人类与动物相比，习得的东西有很多，而生物学上“注定”的事物较少。因此，在许多情况下，对于问题的处理，我们无法通过本能或生物先天反应来处理。由此，我们会产生一种需求，来建立一种可以帮助我们、指引我们方向的体系，帮助我们应付各种场合出现的各种情况，这个体系就是德莫根和莫兹所说的文化。因此，适应的作用就变成了在不同场合下，保持恰当、合理行事的可能性。在这些场合下指引方向的框架主要由文化构成，换句话说，它可以理解为在同化和融合过程中起着基础作用的大脑框架，是一种生物性的延续。文化正是因为人类在生物性中无法获得一种先天反应的模式，成为寻找方向的必要体系。

如果说适应是为了寻求方向，那么文化存在于同化与融合的张力之中。我们需要一种稳定的结构、规范的行为方式，使其可以运用到任何的一个场合。文化在同化模式之中就是一种精神软件，对外部世界的各种杂乱、现有信息进行处理。

不过，德莫根和莫兹的理论中还认为，文化如果单纯地作为一种在人类年轻时适合放进身体中的一种精神软件，我们就会无法适应不断变化的环境，没有办法进行相应的调整，没有办法选择新的方向。为了生存，人类也需要融合，有能力改变方向和框架。因此，在任何特定情况下的人类行为都是一种混合体，不仅对成型的、已知的、文化方向感的行为不断重复，还要根据场合的不同实时进行调整。

在跨文化交际中，我们可以选择的行为范围很广。我们可以在获得全面信息之前迅速采取行动，也可以不急于采取行动，等待获取信息；我们可以专注于一件正在发生的事情，也可以将注意力分散到各个方面；我们在沟通的时候可以进行明示，对一切都要进行深入的探讨，也可以暗示，在交际的时候使用很多的符号。当我们对一种情况下可能发生的各种行为、各种可能性都有所了解，我们就需要决定采用哪种行为和方式。

我们将这些行为的可能性看成一条代表整个潜在行为的线。文化的定位作用就是需要将这些潜在行为的可能性限制在一个较小的范围之内。这条线从 0 到 10 开始标记，对于交际者来说，文化定位设定了恰当的行为点，那么我们需要在文化定位设定的基础上，选择合适的、恰当的行为，我们通常在 2 和 4 之间选择一个解决方案。

以交际为例。一个人来自一个交际方式很含蓄的地方，即话语精简，不会长篇大论，需要大家根据语境等来推断其中的隐含信息，这个交际环境中的人们所认同的交际就是比较含蓄的，这种含蓄的、隐性的交际方式是一个行为点，人们倾向于在这个行为点允许的范围内进行沟通。换句话说，在这种交际环境中，人的交际永远不需要进行完全的明示，只是需要根据实际的情况看是多一些暗示还是少一些暗示。因此，只有通过学习和亲身体验，才能了解到自身原来的行为范围对我们成功交际是没有太大意义的，才会具备明示交际的能力。

在适应过程中，文化是在两个极端之间做出适当决策的体系。文化定位告诉我们，在一种文化中人们是如何以一种抽象的方式成功地进行交流的。我们会容忍文化定位范围内的一系列行为，认为该行为是对正常行为的偏离，是对情境的正常适应过程。但是，超出这一范围的行为会被认为是令人不安的、是错误的和不正常的。

文化会改变。当某种文化取向的范围延伸到某个方向时，或者当构成某种文化的人的行为倾向于某一个方向时，最开始的文化定位就会出现改变，逐渐向这个方向发生倾斜。

文化在这个概念中与国家无关，关键是对某一类型群体的取向。这种取向来自个人的家庭、朋友和语言。在此基础上，我们可以区分具有相同取向和文化的群体。人们的交际方式可以根据语境进行选择。就如同在工作中，人与人之间的交流非常地明确，在家庭中的交流相对比较含蓄。当然，如果工作与家庭有很多的相似之处，那么沟通方式上也会较为相似，会出现很多的重叠。

人们在跨文化学习中会接触不同的标准，进而对各自的文化取向进行确立。在生活中，如果人们需要接触两种不同的标准，那么人们为了兼容两种文化取向，就会扩大行为表现的范围。当然，面对的情况不同，选择也会出现不同。

所谓的跨文化调解主要指的是可以包容两种文化标准的人，这样的人更加容易划分出可以包容两方面文化标准的范围，因而，也更容易找到社会两种文化之间的交际方式。

德莫根和莫兹融合了很多不同标准的文化理论，吸引了很多感兴趣的人。他们提出的是纯理论的模式，因而适用于有限的、经验性的研究。如果要看这种模式与现实是否相似，最好的方式就是验证这种模式是否可以很好地解释和理解跨文化冲突。

第三节　交际的内涵解析

一、交际的定义

“交际”（communicate）与“共同”（commonality）这二者有着紧密的联系，它来源于拉丁语 commonis，而 commonis 是 common 的意思。“共同”“共享”是交际的前提，人们只有在共享同一种文化的时候才能进行有效的交际。因而，就内涵而言，“共同”与“交际”和“文化”是一致的。

因为交往行为本身具有复杂性，因此，学者们从不同的角度对“交际”进行了概念解读。有的学者站在应用语言文化学视角上，觉得社会、心理、文化、语用等多种因素影响着交际。交际是一种符号活动，同时也是一个信息转换的共享过程。交际的基本特征是“共享”，其基本属性是符号活动和信息转换，有效交际的必要前提是社会、心理、文化等因素。

二、交际的分类

作为人类活动的基本形式之一，交际以人为中心开展，主要有两种类型——人际交往、非人际交往。在人际交往中，不管是信息的发出者还是信息的接收者，都是具体的人。对于非人际交往而言，依据交际的对象可以再划分为两种——人与自然的交际、组织与大众的交际。

但无论是人际交往还是非人际交往，交际的媒介基本有两种——语言和非语言。因此，交际形式如图 1-3-1 所示。

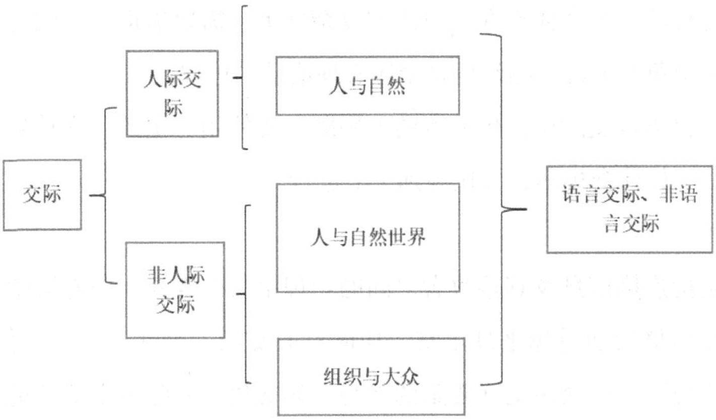

图 1-3-1　交际形式

三、交际的构成要素

从本质上说，交际的过程就是信息传播的过程。这个过程具有动态性，是由相应的要素构成的完整系统，具体包含以下几个构成要素：

（一）传播要素

1. 传播者

传播者指的是具有交际意向和需求的个体，也就是信息的发出者。交际意向指的是传播者想要和他人分享自己的信息。交际需求指的是通过分享，传播者想要得到他人的认可的个人需求，以及改变他人态度、行为的社会需求。

2. 信息

信息是编码的结果，是交际者内心所思所想的具体写照。在面对面的交谈中，信息包括语码、非语言信息以及交际环境信息等。信息具有独特性和唯一性，当接收信息的方式以及发生的情景不同时，即使同一个信息，其表达的意思也会有所不同。

3. 编码

编码指的是语言的组合，是传播者在社会、文化、交际规则的影响下，借助语言中的词法、句法进行语言选择、组合、信息创造的过程。

编码过程的必要性体现在人思想的复杂性上，需要借助一定的符号进行思想传播。从这个角度上说，编码也是个体心理活动的过程。

在跨文化语言交际中，传播者的编码既需要使用一定的语言符号，又需要在一定的规则（如社会规则、文化规则）下进行。

4. 通道

通道是指连接信息及其接收者之间的物理手段或媒介。随着科学技术的不断发展，信息传播的通道越来越丰富，如面对面交谈、电话沟通、短信、邮件等。由于跨文化交际具有众多交际要素的参与，如文化、交际者生活环境、交际环境等，因此面对面是最有效的沟通方式，能够促进信息的传达。

（二）接收要素

1. 接收者

接收者和传播者相对，指的是信息的接收方。接收者对信息的获取是在主观作用下进行的，也就是接收者有目的地等待或者有意识地察觉信息源，从而做出反应，建立与传播者之间的语言联系。但是，有意识的信息接收并不是绝对的。接收者进行信息的获取也可能是在无意识或者偶然的条件下进行的。

无论是何种情况，接收者都是通过听觉或者视觉渠道刺激进行信息接收。在跨文化交际过程中，信息的传播者和接收者处于不同的文化背景，因此信息接收的途径更加复杂。

2. 解码

信息接收者将言语或非言语的符号转化为可理解的意义的过程就是解码。跨文化交际中的解码指的是接收者对信息进行翻译并对传播者语言行为进行观察，从而在此基础上理解语言符号以及语言背后的文化信息。跨文化交际中的传播者和接收者来自不同的文化背景，因此解码过程需要进行文化过滤。也就是说，接收者需要利用自身的文化代码系统处理接收的文化信息。如果接收者不了解信息传播者的文化和语言，就容易导致交际失误的产生。

施拉姆提出的交际模式形象地表示了信息传播者与信息接收者在交际时编码和解码的过程，如图 1-3-2 所示。

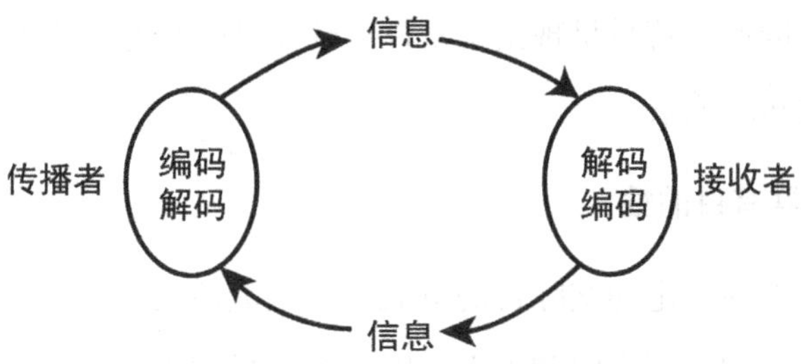

图 1-3-2　施拉姆的交际模式

3. 反馈

反馈指接收者在接收信息之后做出的反应。反馈行为可以通过不同方式展现，如回答、评论、回应、质疑等。反馈反映着交际的成功与否，也是判断交际有效性的重要标准。交际者可以通过反馈来了解自己是否有效传达了信息，也能依据反馈来调整自己的行为。当接收者对传播者的语言信息有所反应并符合传播者预期时，这个交际行为就是有效的，反之则无效。

4. 语境

交际发生的情景和场所就是语境。通过交际语境，人们可以对交际的内容和形式有一个更深层次的理解。如果人们了解了交际即将发生的语境，就能在一定程度上预测将要发生的交际。

四、交际的特点

交际是一个十分复杂的过程，了解交际的特点可以更加深入地了解这一过程。具体而言，交际的特点包含以下几个方面：

（一）交际具有符号性

符号指的是人们用来标记指称对象的形式，是人们进行交流和沟通的重要媒介。在人类的交际过程中，最基础的交际符号是语言。交际的符号性是其最基本的特征，这主要是因为只有依赖于一定的符号载体，才能保证交际的进行。语言可以是符号，非语言也可以是符号，符号还可以是任何一个具有代表意义的物体、词语、行为等。在任何一种文化中，人们都会使用符号，但是符号在不同文化中有不同的含义，因此，符号呈现出主观性、任意性。任意性主要指的是符号与其所表示的含义之间的关系。

（二）交际具有目的性

交际是传播者在一定的交际目的下展开的交流活动。在人类的交往和生活过程中，人会有不同的交际意向和需求，因此交际目的也多种多样。在交际目的的影响下，交际者需要选择不同的语言形式进行表达，从而力图促进交际的进行。交际的目的和思维形式紧密相关。在语言交际之前，交际目的便作用于交际者，从而作用于之后的交际行为。

（三）交际具有双向性

交际的双向性指的是交际主体之间的相互作用关系，这种双向性的存在使得交际和一般传播活动相区别。例如，个体进行电视、广播活动都是一种单向信息传播方式，有着明确的传播主体和传播客体。

在具体的交际过程中，交际者需要不断传播信息与接收信息，因此交际的主客体角色不断转变。参与交际的个体既可以是交际主体，也可以是交际客体。

（四）交际具有不可逆转性

交际信息只要发出，就会被信息接收者接收并赋予意义，从而不可逆转，无法收回，只能加以修改。因此，在交际中，交际者要注意自己无意识的言行，以免对交际产生负面影响。

（五）交际具有系统性

交际是在庞大的系统中进行的，这一系统包括交际发生的场景、场所、场合、时间以及参与的人数。

交际一定会发生在特定的场景中，人们的言行以及符号所代表的意义都受场景的影响。

交际的场所对人的交际行为做出了规定，在不同的场所，人们的交际行为有着不同的特点。

交际场合也影响交际者的行为，每一种场合都有其相适应的行为模式，但在不同文化中，所规定的行为模式又各不相同。

任何交际都发生在一定的时间区间，如一般的谈话和演讲所持续的时间长度会不同。因为时间对于交际的影响作用并不明显，所以常常被忽略。

交际过程也会受到交际参与人数的影响，与一个人讲话和与一群人讲话时的行为和感受是存在差异的。

（六）交际具有社会性

社会性是交际的本质特征。具体来说，交际的社会性体现在以下两个方面：

首先，交际的社会性体现在交际者是社会中的一员，主体能够在思维的作用下辨认、理解、使用语言符号，从而达成自身的交际目的。在跨文化交际中，交际主体的文化背景不同，因此其社会性特征体现得更加明显。

其次，交际活动的进行对于社会的发展与进步也有着重要影响，从而使得不同的组织群体出现。社会的发展是从初级向高级不断前进的，人们的生活范围也从居住地向全球范围内扩展。这些变化和交际活动的进行有着密切的关系。从这个意义上说，交际活动能够促进社会发展，跨文化交际更是如此。

第四节　文化与交际的关系

一、文化对交际模式的影响

文化对交际模式有着显著的影响，文化不同，交际模式也会不同。因此，为了保障交谈的顺利进行，交际者需要掌握一定的文化交谈模式。

（一）何时讲话

对于何时讲话这一问题，文化背景不同，其规则也不相同。例如，英国人十分重视个人隐私，因此在公共场合，他们不会通过与陌生人交谈来打发时间。而我国在集体主义的影响下，对个体隐私并不是十分重视，人们愿意与陌生人进行交谈。

（二）话题的选择

话题的选择影响交际的顺利展开。人们处于不同的文化背景下，当进行交谈的时候，如果选择的话题不合适，那么就会严重影响交际的有效进行。例如，在我国，人们茶余饭后所谈论的话题往往是家庭、婚姻、薪水、工作、教育、子女等，但其中有的话题对于西方人而言属于隐私，并不会在交际过程中与他人一起分享。可见，人们在交际过程中要针对不同的交际者选择合适的话题，最好持有慎重的态度，在充分知晓对方文化背景的前提下选择话题与展开交际。

（三）话轮转换

所谓话轮转换，即交际过程中发话人与听话人彼此交换角色，通过角色的转换来顺利完成信息的共享与交际的展开。在交际过程中，交际双方需要遵循话轮转换的规则，具体如下所述：

（1）当前说话人指定下一位说话人。

（2）在当前说话人未指定说话人时，会话者可以自选，但自选并不是必须的方式。

（3）当前说话者未指定说话人，同时会话者没有自选时，当前说话者可继续交际，但并不是必须的。

二、文化对交际风格的影响

（一）直接交际风格与间接交际风格

从表述方式上，交际风格可以分为两种：直接交际风格与间接交际风格。所谓直接交际风格，即交际过程中发话人通过直接的方式来传达自己的观点与见解。所谓间接交际风格，即交际过程中发话人通过委婉、迂回的方式来表达自己的观点与看法，具有含蓄性的特征。例如，对于我国而言，文化传统受儒家思想的影响比较大，因而人们在交际过程中往往会最大限度地为对方保留面子，使用礼貌、尊敬的语言来表达，体现出较大的间接性特点。与中国人不同的是，西方人在交际过程中往往通过直截了当的方式来传达自己的观点，因而具有直接性的特点。

（二）个人交际风格与语境交际风格

从语言层面来划分，交际风格也可以分为两种：个人交际风格与语境交际风格。所谓个人交际风格，指的是交际中所使用的语言能够突出个人的身份，即多使用第一人称进行表述。所谓语境交际风格，指的是交际者在交际过程中使用语言的依据是语境与交际对象。例如，在用英语展开交际的过程中，不管交际对方的身份是长辈、师者，通常都是用 you 这一第二人称代词。而汉语中为了表示对交际对方的尊敬，往往使用“您”来指代。

第二章 跨文化交际概论

近年来，跨文化交际学已发展成为一门被学术界充分重视的集人类学、语言学、心理学、传播学、社会学等为一体的综合性学科。本章对跨文化交际进行详细介绍，包括跨文化交际的内涵与模式、跨文化交际的意识与能力等。

第一节 跨文化交际的内涵与模式

一、跨文化交际的内涵

（一）跨文化交际的定义

跨文化交际是指不同文化背景的人之间主要通过语言进行的交际行为，故又称为跨文化语言交际。人一直是生活在复杂的社会环境之中的，并且在特定的文化中长大，这就使得人在学习语言的同时自然就学会了语言的规则，也学会了文化的社会规范。交际是一种双向的活动，影响交际活动的因素包含交际双方的经历以及交际双方的文化背景。不管是同一种文化的交际还是跨文化交际都有文化的身影，相同的文化交际指的是交际双方都来自相同的或者相似的文化背景，这双方的交际就是相同的文化交际；跨文化交际指的是交际双方来自不同的文化背景。语言是通过民族文化的中介来反映和表现世界的，因此，从这一层面上来说，语言的使用本身就是一种文化行为，是文化的产物，文化是制约正确解码的重要因素。在没有必要的文化背景知识的加持下，基本不可能正确解码。因此，我们可以说交际活动是一种文化现象，这也说明，在跨文化交际中需要研究和重视文化差异。

（二）跨文化交际的要求

1. 交际者的文化背景必须是不同的

文化背景的差异指的是各文化圈之间的不同之处，这个概念范围很广，也可以指相同的文化圈内部的亚文化之间的不同之处。针对英汉语言来说，其主要指的是两个文化圈之间的不同之处，尤以中国文化圈和西方文化圈之间的不同之处为代表。这是针对跨文化交际的实际情况而言的，因为文化背景不同而容易引起的交际中的误会，甚至是发生冲突的情况多见于中国与西方国家人们的交往中。与之相比，中国与同属亚洲地区的另一些国家进行人际交往，如日本、东南亚国家等，尽管同样存在着一定程度上的文化差异，但是显然这个差异的影响要小得多。原因是这些文化背景都是东方文化圈的一部分，有许多相同之处。

2. 交际参与者所使用的语言必须一致

这一点显然是必要的，因为参与交际的双方如果各自使用不一致的语言，那么交际便无从谈起。这种情况下，双方使用的交际语言会是其中一方的母语，自然对于另一方便是目的语。举例来说，中国人与美国人展开交际时都使用英语或汉语，这就不需要进行翻译，而是用一致的语言展开。

3. 交际的形式是实时口语交际

跨文化交际的形式可以有很多种，如使用媒介进行的单向交际，或是现场的双向交际；可以通过物化形式的符号，如画报、演出、商品等来展开，也可以使用语言文字来进行交际；它可以是书面形式的，如信件来往等，又可以是口头形式的。这里重点说的是交际的双方以口语进行交际。此外，可以包含与口语交际伴随发生的文字交际，也就是通过书面语进行的交际。

4. 交际双方使用语言进行直接交际

现在中国对于跨文化交际方面的研究以英语教学界为主。在英语教学当中，跨文化交际是一项重要的内容，但在研究中翻译是一个至关重要的方面，包括口译和笔译。因为英语专业毕业的学生将有很多从事对外交流工作，这项工作的要求之一就是能通晓两种语言，能在跨语言交际中充当翻译角色。这也就是说，翻译是解决双方文化背景差异的重要桥梁。通过对对方的文化背景进行了解，来协调交际中遇到的文化问题，可以使交际更具有效性。

（三）跨文化交际的相关概念

1. 文化适应

（1）跨文化适应的内涵

“文化适应”一词最初由赫斯科维兹（Melville Jean Herskorits）在 1948 年提出，是指把个人培养成其文化或社会成员的过程。“濡化”是跨文化适应的别称，在早期的研究中，学者认为所谓的“濡化”主要指的是在持续的接触和影响下，两个或者两个以上的不同文化体系之间的文化变迁。跨文化适应的新概念是由人类学家雷德菲尔德（Redfield Robert）、赫斯科维茨等在其合著的《文化适应研究备忘录》中提出的。该书认为个体组成了“濡化”，并且是发生在两个不同文化群体之间的、直接的、持续的文化接触，导致双方或者一方的原有的文化模式出现改变。

也有的学者认为，跨文化适应是人类进入一种新的文化并遇到对抗环境时努力达到平衡的本能，是一个多阶段、持续的过程。一个人在新环境中只有在与其他人交流时才会去适应、融合、依赖于主方文化社会的互动，往往需要与新文化长时间接触才能逐步得到适应。

综合中外众多学者的观点，我们认为就个体层面而言，跨文化适应是指旅居者克服文化休克，在语言、生活、交际和思维等方面的习惯逐步由本文化转向目标文化的动态过程。就群体层面而言，跨文化适应是指不同文化背景的群体交往后的濡化过程，这个动态过程的主要目的是为了促进彼此之间的相互理解，建立互相尊重的前提，对互相可接受的空间进行延伸。跨文化适应一般经历着从“理解”到“接受”再到“尊重”的过程。

（2）跨文化适应的类型

就个体层面而言，进行跨文化适应的人群主要分为两类：一类是长期的移民或者难民；另一类是短期居留者，即“旅居者”，包括完成某项使命和任务的人，如留学生、海外学者、商人、军事人员、科技人员等。也有人将移民的跨文化适应分为两类：一是社会适应，社会适应是指为了在特定的社会文化环境中生存而习得的文化技能；二是心理适应，心理适应指的是情感的稳定和满足。本书主要考虑跨文化适应的时间因素，从这个角度来说，跨文化交际分为两种类型：短期文化适应和长期文化适应。

第一，短期文化适应。所谓的短期文化适应主要是指因为工作或者学习生活在另一种文化背景下的人们暂时适应新的文化环境。他们的居留时间短则数月，长则几年。从文化休克到文化适应的过渡一般体现在第一、第二年。为了保证在不同文化环境中顺利完成任务，人们必须进行短期的文化适应，这种适应就是所谓的“工具性”的文化适应。

此外，短期文化适应是对暂居异国期间文化休克的克服，也包括在本国文化大环境中对外围机构和与外国人交往的异文化环境的适应。短期文化适应主要需要适应全新的人际交往关系、解决学习和工作中的相关问题，以保证学习工作的顺利进行，还需要保证正常的生活，完成既定的任务。短期文化适应不需要实现文化认同，也不需要改变文化身份，只需要做到友好合作、相互理解、和谐共处。在短期文化适应中，需要克服文化休克这一“文化适应门槛”，只有这样才能进入文化适应的初始阶段。

第二，长期文化适应。长期文化适应主要指的是人们对永久居留环境的适应，主要表现为永久移民在新文化环境中，基本克服了短期文化适应过程中文化休克的阻碍，已经基本安定下来。他们在工作、生活、交际、语言等方面没有困难，但是融入当地的文化和当地的群体依旧有困难。他们依旧不能领会当地语言的风格和语言的深层次内涵，很难认同当地人的生活方式和“幽默”感，有甚者会感觉到自己不能被新的文化所接受，同时也成为母语文化认同中的边缘群体。

通常情况下，长期文化适应需要经过三个阶段：克服文化休克，达到初步文化适应，即短期文化适应的要求；逐步摆脱母语文化的羁绊，获得过渡文化人格；实现文化身份的彻底转变，完全融入移民文化。其中，获取过渡文化人格是进入长期文化适应的关键期。很多的人即使在新文化环境中生活数十年，甚至一辈子，依然存在没有文化归属的问题。

短期文化适应与长期文化适应的差别如下所述：

首先，二者所要达到的目的有所不同。短期文化适应也称为“工具性”文化适应，主要的目的是为了让个体在新的文化环境中顺利完成学习任务、工作任务。长期文化适应是适应永久居留环境，主要目的是使个体融入居住国家的文化，成为文化中的一分子，主要指的是移民的文化适应。

其次，两种文化适应要达到的标准也有所不同。有学者为文化适应提出了“适应新文化环境中交际的能力”的理论，即移民和旅居者在居住国文化环境中的有效而又得体的解码和编码能力，也是接受和适应居住国文化交际规则的能力。这一能力包含三种要素：认知能力，即熟悉新的文化并学会对其语言和必要的信息进行加工的能力；感情能力，即能够主动自觉地应对工作、学习和生活中的各种挑战，参与社会生活，体会居住国人们的感情，并愿意做出必要的自我改变，以适应新文化环境的要求的能力；行为能力，即能够有效而又得体地进行语言交际和非言语交际，以满足工作、学习和生活的需求的能力。长期文化适应者会不断培养自己这三方面的能力，但是短期文化适应者对自己不会有这样全面严格的要求。他们可能只是根据自我的需求培养其中一种能力。

综观这两种文化适应：短期文化适应是长期文化适应的基础，是其必经的起始阶段，但作为跨文化适应的两种类型，短期文化适应和长期文化适应从文化休克到文化适应的过渡阶段是不同的，这些区别主要表现在两者的目的和达到的标准上。虽然时间对文化适应产生的影响还有待研究，但这两种文化适应的区别还是显而易见的。

（3）不同年龄段的人对异文化适应的差别

对异文化的适应是指人们在新的文化环境中，不断克服文化休克带来的负面影响，并据此调整自身的生活习惯、交往行为、价值观、思维模式等，最终适应新的文化环境，同时可以在新的文化环境中有效地交际。不同年龄段的人在对异文化的适应方面是有区别的，这主要与人的认知发展、交际能力以及对外界的适应能力有关。

首先，人的认知能力随着人年龄的增长而发展。罗伯特·费尔德（Robert S. Feldman）在《发展心理学：人的毕生发展》中详细叙述了人一生（从婴儿到老年）的生理、人格、社会性以及认知的发展。在儿童期以前（包括儿童期），人们的认知还没有发展，没有形成文化刻板印象，儿童所获得的文化主要来自周围环境的影响，尤其是家庭的影响。在青春期，人的认知能力发展非常迅速，主要表现为：抽象思维完善、推理能力提高和相对地看待可能性的能力的增长。成年后，其思维方式、价值观念等都已趋于成熟，认知能力以及认知模式已经定型，很难再改变。举个例子来说，留学生在跨文化适应问题上，申请较高学历的留学生，具有成熟的思维能力，有一定的社会经验，对于这样的群体而言，他们相对于外部的教育模式的差异和生活方式上的差异来说，更加关注内在的、隐含的文化差异，更加容易产生信念性的冲突，造成深层次的影响；对于年龄比较小的初高中留学生，不管是认知能力还是社会性的思维都还没有成熟和完善，处于不断的社会化过程中，因此，有着显著的外部环境影响效果。

其次，年龄还影响到人的交际能力，进而影响到人对异文化的适应，如海姆斯就提出沟通事件分析框架，认为参与者的年龄、性别等因素，在具体的交际活动中对沟通产生影响，进而影响到对异文化的适应。有研究证明，把一个母语为英语的儿童放入非英语语言环境中，他能利用非言语来正确表达自己的意思。

最后，人对外界的适应能力随着年龄的增长而变化。不同年龄段的人之间对异文化的适应有明显差异：年轻人更加愿意出去接触新鲜事物，老年人则更倾向于怀旧。不同年龄段的人，其个体特征相异，心理发展不一样，对文化的敏感度、对新鲜事物的开放程度以及所形成的文化对他的约束力是不一样的，这在很大程度上会影响到对异文化的适应。

（4）跨文化适应策略

跨文化适应策略是指在新社会环境中移民为了进行文化调整所选择的方法，主要包含两个要素：一是态度，二是行为。态度指的是移民们如何适应当地文化的偏好；行为是他们在社会交往中的实际行动。根据移民进入新社会时所思考的问题产生四种文化适应策略：一是同化，二是分离，三是整合，四是边缘化。人们在想融入主流的社会，不想保留原有的文化身份的时候就会选择同化；当人们想要保留原有的文化身份的时候，会回避与他人交往，就会选择分离；当他们既想维持原有文化身份，又希望融入主流社会时，就会选择整合，这也就是说在保留原有文化身份的前提下融入主流社会；如果他们希望保持和维护原有的文化身份，对主流社会以及发展社会关系不感兴趣，就会选择边缘化。

2. 文化休克

（1）文化休克的界定

文化休克（culture shock），也译作文化震荡、文化冲击、文化震惊。“文化休克”这一术语首先是美国人类学家奥伯格在1960年提出来的，他将文化休克定义为由于失去了熟悉的社会交往符号而引起的焦虑。威廉·斯莫利在奥伯格研究的基础上认为，文化休克所表现的症状是因为不能适应新的文化环境引起的情绪上的紊乱，主要原因在于失去了原有交流中与生活中的熟悉情境和相应的意义。后来一些学者对奥伯格的文化休克定义做了补充，如班尼特等学者把“文化休克”看作“变迁休克”的一种，强调“文化休克”不是特殊的现象，而是人生自然经历的一部分。

文化休克的概念于20世纪90年代被引入中国，关世杰在《跨文化交流学》中、胡文仲在《跨文化交际学概论》中将“culture shock”翻译为“文化休克”，陈国明在《英汉传播学辞典》《文化间传播学》中将culture shock翻译为“文化震荡”。但是，在究竟应该如何翻译“cultural shock”这一概念上，学者仍持有较大的争议。不过，无论是“文化休克”，还是“文化震荡”，究其原因都与“文化”二字有关，都是因为不适应文化而出现的类似休克的现象。文化休克主要指的是人处于异文化的时候，面对陌生的环境产生的一种惶恐不安的心情，会因此产生抗拒新文化的现象和留恋旧文化的病态心理反应。交际的困难和语言不通使得这种现象更加严重，严重者还会出现生理病态。文化震荡是跨文化适应过程中的一个重要的阶段，但它代表跨文化适应过程中最明显与主要的部分。因此，了解文化休克也就能更好地把握文化适应。

总结以上观点，我们认为“文化休克”对任何到国外工作或生活的人来说，都是无法避免的，也是正常的现象。文化休克并非一种精神上的疾病，而是对新环境的一种自然反应，或者不适应的反应。文化休克有多种症状：感到情绪低落、无助，对异文化的敌视、焦虑感，过于认同原文化，畏缩情绪、思乡情绪、孤独感、妄想症、洁癖、易怒、感觉混乱、迷失方向、孤立、紧张、急切需要建立联系、戒备心强、不能容忍不确定性、缺乏耐心等。

（2）文化休克产生的原因

实际上，文化休克是本土文化与异文化产生冲突时受到的冲击。生活习惯、风土民情、语言心理、法律制度等方面的差异是形成“外来性”的主要因素，同时也是受到冲击的主要原因。它的发生既有价值观、社会观念不同导致的文化和社会因素，又有个人因素。此外，还与两种不同文化间的政治、经济差别有关。一般来说，其差别越大，所受到的文化冲击程度就越大，接触异文化的时候，不同文化背景下的人都会毫无例外或多或少地体验到文化冲击。这里我们所分析的文化冲击是多方面的，包括身体上、感觉上和感情上，还有思维方式上，但文化冲击所带来的症状更多的是心理上的，因此，可以说它是一种心理现象。但是，这种现象只出现于在异文化环境下生活的时候。从这一点看，它是一个文化现象。同时，不同的人受到冲击的程度轻重、症状所表现出的反应形式是不同的，这一点因人而异，有的人轻些，有的人重些，有的人能很快适应，有的人则经过很长时间后还是无法适应。因此，文化冲击影响的大小是建立在不同个体之上的。

人们在不同的文化区进行交流活动的时候就会出现文化休克，各个区域的文化差异是文化休克产生的重要原因。文化休克产生的主要原因在于以下几个方面的差异：

第一，地理环境。造成东西方文化观念差异的主要因素之一就是自然的地理环境。人们在长期的历史发展中，由于地理位置的不同形成了不同的血统和种族。在古代，生产力水平低下，人与人之间缺乏沟通，自然地理环境对社会的发展起决定作用。在黄河流域生活的中华民族主要的经济形式是耕作，农业是主要的经济支柱，中国被喜马拉雅山脉、西伯利亚、太平洋包围着，中国大陆与世界其他国家相对隔离，这就影响了中国的经济形式，形成了重农轻商的经济形式。与中国地理环境相反的希腊，是一个具有广阔海域的岛国，是一个海洋国家，主要发展商业，形成了一个平等的契约式社会。

第二，价值取向。个人主义是西方价值观的主要内容。在西方尤其是在美国的文化中，对于个人主义特别注重。美国是典型的个人主义国家，在美国，人们相信自己有权利选择什么样的生活方式，不受他人影响。每个人是平等的个体，拥有平等的权利。美国人从小开始就需要自己做决定，学会自己处理问题，在美国的家庭中，父母对孩子的异议不会压制，强调孩子的个性发展。在孩子成年以后，会离开父母，独立生活。在美国的价值观中，拼搏和竞争具有重要地位，这也促成了美国经济的蓬勃发展。相对来说，在东方注重集体主义。在中国，儒家思想深刻影响着中国文化和社会，特别强调对家长以及兄长的尊重，家庭成员可以为了家庭或者家庭的利益牺牲小我，成全集体利益。

第三，时间取向。国家认识现在和过去的重要尺度之一是时间观念。对时间的控制可以反映出人们的价值观，我们可以通过时间观念了解不同的风俗习惯和文化。从某种程度上来看，中国人是时间的“主人”，美国人则是时间的“奴隶”。中国人常说“别急啊！”，中国人在约会的时候对于时间不是太注重，中国有句俗话叫作“不见不散”，在这句话中我们也可以窥见中国人在约会的时候把时间看得没有那么重，要是有事情耽误了，可以迟到一会儿，大家不会介意这个事情。相反，在美国，美国人把时间看得很重，他们认为时间是一条直线，他们将时间分成了小时、分钟和秒，做任何事情都要提前做好规划，因为时间在看不见、摸不着的情况下操纵着美国人的社会活动和安排，他们什么该做，什么不该做由日程表安排，会根据日程表来安排什么可以先做什么后做。美国人把时间看作可以触摸的、真实存在的物品。

（3）文化休克的特征

按照奥伯格对文化休克的定义，我们可以发现文化休克的特征可以分为以下六个方面：第一，因为不断地进行心理调整而导致内心的疲惫；第二，因为失去朋友、财产、地位而产生的失落感；第三，无法接受新文化的成员或者被新文化的成员拒绝；第四，在价值观念、个人情感、自我认同、角色以及赋予角色的期望等方面会有混乱感；第五，在发现文化之间存在差异之后产生的惊奇、焦虑、气愤甚至厌恶等情绪；第六，不能很好地适应新环境所以产生无力感。

斯莫利对造成文化休克现象的关键原因进行了分析。在他看来，每一种文化背后都隐藏着很多人们尚未发觉的潜在规则，而恰恰又是因为这些潜在规则的存在，人们在与他人交往时能够找到自己合适的位置，同时明确自己与他人之间存在的关系以及对方真正想要表达的意思。当人们离开一种文化而进入一种新的文化时，原文化中所蕴含的潜在规则无法继续发挥其作用，所以人们会产生焦虑、不安等情绪。

我们如果想要治愈文化休克，就需要了解和掌握新文化所具有的背景知识，通过运用这些知识进而掌握所处新文化中的潜在规则，从而与新文化中的人进行交流。实际上，当人们能够觉察或者意识到自己身上出现文化休克现象时，就已经创造出了一定的治愈文化休克的可能性，这也就是奥伯格所认为的，发现痛苦是治愈痛苦的第一步。事实上，如果人们能够把握文化休克的整个发生过程，就能更好地应对文化休克。导致文化休克的因素有很多，其中最主要的是语言因素。

（4）文化休克的应对策略

通过对文化休克相关资料的研究，我们可以发现，人们并没有将它作为一种静态的现象而对其进行简单的观察，而是试图找到导致这种问题出现的原因并将其治愈。文化休克在适应跨文化的过程中，其从发病到治愈的过程处于文化的层面，实际上，文化休克在中国有着非常广泛的应用范围，并非仅仅将其范围定于从一个国家的文化到另外一个国家的文化，这比文化休克的创始人对其做出的界定范围更广。除了留学生、国际经理人、移民等群体身上会出现文化休克的现象之外，中国一些学者还对其用法进行了引申，如高校新生文化休克现象、住院患者的文化休克现象等等。应对各种情形的文化休克所带来的若干消极影响，我们不仅需要做出努力，更要注意所采用的应对策略。

显而易见，人际交流的困难是文化冲击中存在的最大问题。在异文化环境中，即便出现文化休克的相关问题，作为当事人有时也难以把握它的实际情况。首先，因为不理解对方的想法和行为，另一方难以做出适当、有效的回应。其次，是因为我们自己的想法和行为得不到对方的理解。当表现出的言行带有母体文化的深深烙印时，在别人眼里带有异样性是十分正常的，不被理解或被错误理解的事情会时有发生。因此，在跨文化交际时，我们不仅要设法理解交际的对象，而且要学会善于表达自己的想法、观点，以期得到对方理解，从而成功地实现有效的沟通。

①积极主动沟通

在进行跨文化交际时，能够理解他人所说话语的含义是最重要的。对于人类来说，语言是与他人进行沟通交流必不可少的重要工具。简单来说，语言是人们用来进行话语交流的一种方式，是通过说和写，有目的地进行交流的一种重要交际手段。有效的交流需要建立在交际活动中的所有成员在一些相关要素上达成共识的基础上，其中的相关要素包括非语言提示、行为动机等。

企业高管与普通雇员具有不同的母语和文化背景，这些都可能导致两者之间的文化障碍。同一种语言的不同用法之间也会存在一些微妙的区别，这就可能导致使用同一种语言的人之间出现困惑或者误解的情况。例如“lift”这个单词在英国和美国的用法就不尽相同，在英国代表电梯，在美国则可以用来表示搭便车。语言文字可以将其所属国家的文化观念反映出来，所以我们也可以认为一种语言可以定义一种文化。如果一个人要进入其他国家的文化环境中工作，那么就必须学习该国家的语言，以此来做到与他人进行积极主动的沟通。

②注意运用非语言信息

交流不仅仅包括语言表达（如语句或者语法等），同时也包括非语言表达。非语言表达中往往蕴含着大量的信息，我们在与他人进行交际时，往往会同时运用语言信息和非语言信息，而其中的非语言信息可能会比语言信息更加有理、有力。

进入新的文化环境并不仅仅要学习该国家文化的语言，同时也要学习如何运用非语言表达方式。但是也要注意，非语言交际是按照文化区域进行划分的，其中既存在一些普遍运用的非语言形式，如微笑、皱眉等，但是还有很多非语言形式会随着不同的运用方法表达出不同的含义。非语言信号的具体表达方式有很多种，如身体姿势、肢体动作以及面部表情等等。此外，人们还会通过服装和其他物体来传达信息。非语言信息能够传递出一个人的自我认知、如何看待他人以及所具有的价值等方面的信息。例如，我们并非能够时时刻刻控制自己身体交流的方式，包括身体的面部表情和肢体动等，我们有时可能会面色通红，可能会神色紧张，还可能会不停跺脚等，这些都能向他人传递我们此刻的感受或者想法。

③熟悉异国礼节和习俗文化

当我们从一个熟悉的环境进入另一个陌生的环境时，首先要做的就是熟悉此处的文化、语言和礼节，学习这里为人处世和待人接物的方式。例如文化中的触碰方式，通过触碰，我们可以接收很多外在和内在的信息，包括他人的身份、他人对自己表达出的好感或者敌意等。不同文化背景下的人们有着完全不同的触碰方式。如牙医、理发师或者医生对我们所采取的触碰方式与我们和亲密关系的朋友以及家人之间的触碰方式是存在着明显区别的；有很多文化认为亲吻是一种非常私密的行为，但是另外一些文化中可能只是一种日常打招呼的方式。相关的调查人员对巴黎、伦敦等城市的人们的触碰方式进行过调查，调查地点选在这些城市的咖啡厅里。根据调查结果，巴黎咖啡厅中的人们在一个小时内互相触碰的次数高达 100 次，而伦敦仅为 0.5 次，这体现了两个地区完全不同的礼节习惯。再如，美国人喜欢与他人保持一定的距离，这可以体现在房屋的设计、办公室内物品的摆放以及城市的规划等方面上，此外人们在交谈时也会保持一定的距离。再如在泰国和其他一些国家中，人们用彼此之间的距离来表现出双方社会地位的不同等。

④其他

我们可以采取以下方法来克服文化休克：

A. 到一个新的国家生活对于每个人来说都有着巨大的挑战，我们一般都会对抵达该国家的那一刻有着深刻的印象。我们到达新的国家之后首先要考虑如何和该国家保持一致的生活步调。

B. 对文化休克现象提前做好相关的研究和准备。当我们准备进入一个新的国家生活之前，一定要拿出充分的时间来学习与文化休克相关的知识，了解其症状和产生的原因，从而在一定程度上避免文化休克现象的出现。

C. 文化休克可能会发生在任何时间或者任何地点，即使我们去的地方离家很近也可能会出现这种情况。所以我们要对周遭的事情处处留意，完全了解文化休克的各个层面，做好相应的准备。

D. 当我们到达新的文化环境时，要把握一切机会，与外籍管理者以及当地居民进行联系和交流，建立起对自己有利的支持网络，尽快熟悉全新的生活环境。

E. 当在陌生的环境中面临任何困难或者出现文化休克的症状时，要有解决困难的信息和决心，寻求他人的帮助，积极地找到解决问题或者治愈文化休克的方法，而不要采取消极的方式来进行逃避，如酗酒、暴饮暴食等，这些对解决问题或者治愈文化休克没有任何的正面作用。

F. 我们可以向其他外籍管理者学习解决问题的经验和方法，这对我们克服文化休克可以提供有效的帮助。

G. 给自己一些时间来适应眼前所面对的不同的文化处境，同时不要匆忙地接手过多的工作任务，要确定组织是否真的让自己去完成它。

H. 如果在采取了一系列方法之后仍然没有缓解文化休克的症状，我们要立即向专业人士寻求帮助，如所在公司、顾问或者医学专家等。

I. 当我们能够适应新的文化环境时，如果此时回到原来的文化环境，那么可能也会发生文化休克的现象，这时可以选择将文化休克进行颠倒的方法来使生活恢复正常。

J. 我们不仅要了解文化休克对生活可能造成的困难，也要看到文化休克对生活的积极一面。不同的经历可以丰富人生的体验，而经历过文化休克的人往往能够更好地适应新环境。

K. 在生活中保持适度的幽默感，这有利于为自己和他人营造出一种轻松愉悦的相处氛围。虽然克服文化休克并不容易，但是并不代表其无法被克服，只要我们不断地丰富自己的知识、提高自身的认知水平、拓宽自己的眼界，用包容的心态来看待不同的文化，就一定能够走出眼前的困境，进而克服文化休克。

（四）跨文化交际与沟通能力

学者们除了探索跨文化交际与语言的关系外，还大力探讨跨文化交际与沟通能力二者之间的关系，力图把跨文化交流能力的培养与个人沟通能力结合起来，提升学生在个人沟通能力建立中的语言文化意识或文化敏感性渗透，进而将个人沟通能力发展成为一种真正意义上的跨文化交际能力。在国际社会大变革时期，不同文化背景的人们都渴望进行思想文化的交流，这样才能让不同文化族群的人们在日常交往中逐步相互理解和认同。

跨文化交际中的沟通能力，是指在交际过程中，交际者通过表达、争辩、倾听和设计（形象设计，动作设计、环境设计），实现自我意识和思想的转换和传达，从而被他者文化者接受的能力。跨文化沟通能力看起来是外在的东西，实际上是交际双方个人素质的重要体现，它反映着一个人的知识、能力和人格魅力。跨文化交际的沟通能力，特别强调沟通者双方所具备的个人化主观和客观条件。在跨文化交际中，一个具有良好沟通能力的人，可以将自己所拥有的专业知识及专业能力充分发挥，这也是决定交际是否成功的必要条件。

在跨文化交际活动中与具有不同文化背景的人进行沟通是一种非常重要的能力。拥有这项能力能够使交际中的双方快速地收集有用的信息，并对这些信息加以分析和判断，从而快速地做出反应，传达出其他文化背景的人可以接受的信息，进而顺利完成交际的过程。如果没有清晰的思维和准确的逻辑判断力，再好的语言技巧，也不可能实现交际环节的传达、说服和感染。跨文化交际中的沟通特别注重思维与表达，这主要是指思维的交流和语言的交流。如果只重视语言的交流，任何人都不能摸透对方心里的真实想法，也不能实时把握对方的思维方式和思维习惯，这样就无法让跨文化交际从语言层面提升到思维层面，完成交际的全过程。真正意义上的跨文化沟通者更容易与别人建立并维持广泛的人际关系，更可能在人际交往中获得成功。可见，跨文化沟通者一定要及时了解交际对方的心理活动和思维倾向，并根据解码信息来调节自己的沟通方式和环节。

跨文化沟通在向对方展示自己的心理意图时，要注意使自己被人充分理解，并辅之以直观的言语、动作，使得沟通信息充分而不冗余，这是最佳的信息沟通和行之有效的交际方式。比如：聆听式沟通让人从一个专心听讲的人的角度，捕捉说话人的信息并进行信息加工，通过聆听产生沟通欲望和完成沟通过程。同时，注意不要陷入沟通辩论中。跨文化交际一定要让他者文化背景的人接受自己的想法，才能让对方向我们打开心扉，对方心扉没有打开前，真正的沟通是不可能发生的。心理学家研究发现，一个人跟别人交流过程完成以后，所留给人的印象和感觉，只有百分之二十与谈话的内容有关。其余百分之八十则取决于别人对这个人的总体感觉和外在印象。若一个人强词夺理，即使有理，到最后也只会给别人留下一个咄咄逼人的印象。与其得理不饶人，不如采取得饶人处且饶人的方式妥善处理，接纳对方，换位思考，获得交际的成功。

（五）跨文化交际与人际关系

在跨文化交际中，人际关系需要处理好人情、人伦和人缘这三位一体的关系。换句话说，处理好这个关系意味着跨文化交际的成功。人情是媒介，促使跨文化交际的感情认同和接受，如中国人常说“买个人情”“送个人情”“讨个人情”“求个人情”，这说明人与人之间的交往是建立在情感创设基础之上的。人情到了，隔阂没有了，感情也变得融洽了。人伦体现的人际关系，根据《说文解字》中说“伦，辈也”，后又引申为“类”“道圣”“文理”“人与人的关系”。这说明人伦在跨文化交际中，要求交际主体具有规范的人伦道德典范和人格魅力，充分展示合理化的人际秩序。在《现代汉语词典》中，人缘或曰缘分，指的是人与人之间本身具有的天然联系，或者是自然而然的人与人或与事物之间的关联性。

跨文化交际中的人际关系，是指具有不同文化背景的人与人之间的互相认知、认同。这表明不同文化背景的人与人之间，在互相交往的过程中，完全能够通过思想、感情、行为表现的互相交流，产生源于本能的互动关系。这有利于建立多元文化的幸福人生，构建和谐组织和稳定世界之格局。尤其是人和环境相互连接与驱动，环境带动人际关系向良好的方向发展，人在环境中认定自己的身份和角色，为跨文化交际搭建友好的人际关系。处理好跨文化交际的人际关系最好的方法就是，交际双方彼此之间尽量传递真实的情感、态度、信念和想法。让自身的思想深度被他者认识及接纳，以诚恳的态度、谦卑温柔的心、适度的自我表达去打动和感染对方，以此寻求人生观、价值观之趋同和认同，消除不同文化背景的人际障碍。

跨文化交际中的人际关系表现的是跨文化交际中人与人之间合理的分际与职分,《论语·颜渊篇》“齐景公问政于孔子。孔子对曰:‘君君，臣臣；父父，子子”，强调君臣父子各司其职，各行其道，各守分际，各尽职分。这种人际关系模式让每个组成分子享有各自职能，均能按其角色、职责、位置而有适当之思想、言语、行为模式及价值观，从而形成良好的交往和谐气氛。

跨文化交往中的人际关系，还特别注重具有不同文化背景的人们彼此间的情感融洽和交往。相互间感情的传递使彼此接近和相互吸引，形成共鸣，即使是观点互相排斥分离，也会获得感情的认可。彼此间的相互重视与心理支持是跨文化人际关系的基础，每个人都有相互关爱和受人尊敬的需要，这是跨文化交际的人际交往中的心理相容，即指具有不同文化背景的人与人之间的融洽相容关系，尤其是指人与人相处时的容纳、包涵、宽容及忍让。即使有时候存在观点的分歧，也会不遗余力地寻找共同的意趣，相互间奠定谦虚和宽容的良好氛围，做到心胸开阔、宽以待人、不计前嫌、宽宏大量。信用也是跨文化交际的人际交往的基本准则，指的是待人诚实、不欺骗、遵守诺言、以诚相待和不卑不亢，在自信中表现谦逊和不矫饰做作、故弄玄虚。自信心可以让人快速获得别人的信赖，同时，容易激发别人乐于与之交往。

二、跨文化交际的模式

很多学者针对跨文化交际的过程、性质、效果等提出了一些模式。

根据施拉姆的交流模式，关世杰描述了跨文化交际的全过程，从而形成了自己独特的跨文化交际模式（图 2-1-1）。学者关世杰将跨文化交际的过程进行了进一步的划分，分为编码、通过渠道传递和解码三个过程，其中，编码和解码的实现是在不同文化的码本中进行的。

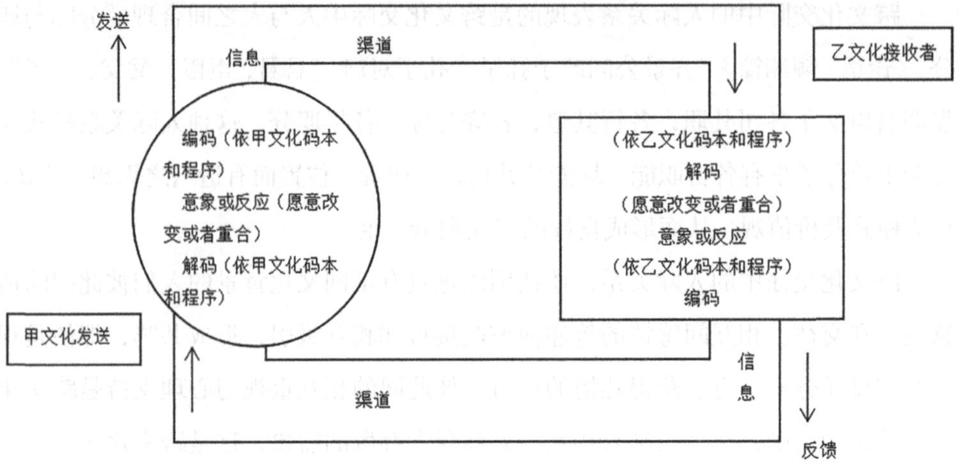

图 2-1-1　跨文化交际模式

如图 2-1-1 所示，甲文化发送者按照甲文化码本和对应的程序对信息进行编码，并通过一定的信息渠道发送给乙文化接收者；乙文化接收者则根据乙文化的码本和相应的程序对甲文化发送者发送的信息进行解码。不同的文化既有相同之处，也有不同之处。所以，解码所获得的信息意义与原信息意义可能会有重合，也可能会发生一定的变化。乙文化接收者根据所获取的信息，产生相关的意向或者作出相应的反应，并按照本文化的码本和相应的程序将蕴含着自己意向或者想做出的反应的信息进行编码，最终将其反馈给甲文化发送者，这就是跨文化交际的过程。跨文化交际将上述过程不断进行循环，而其中信息发送者与接收者的角色也在不断进行互换。

关世杰提出的跨文化交际模式体现了跨文化交际的过程及不同文化码本对这一过程的影响，但是这个模式是从传播学的角度提出的，主要关注的方面是跨文化交际的过程，而没有涉及跨文化交际的要素和结果。

卡利·多德（Kali Dodd）从文化学者的角度出发，提出了新的跨文化交际模式，其中他重点分析了跨文化交际的过程与模式，如图 2-1-2 所示。

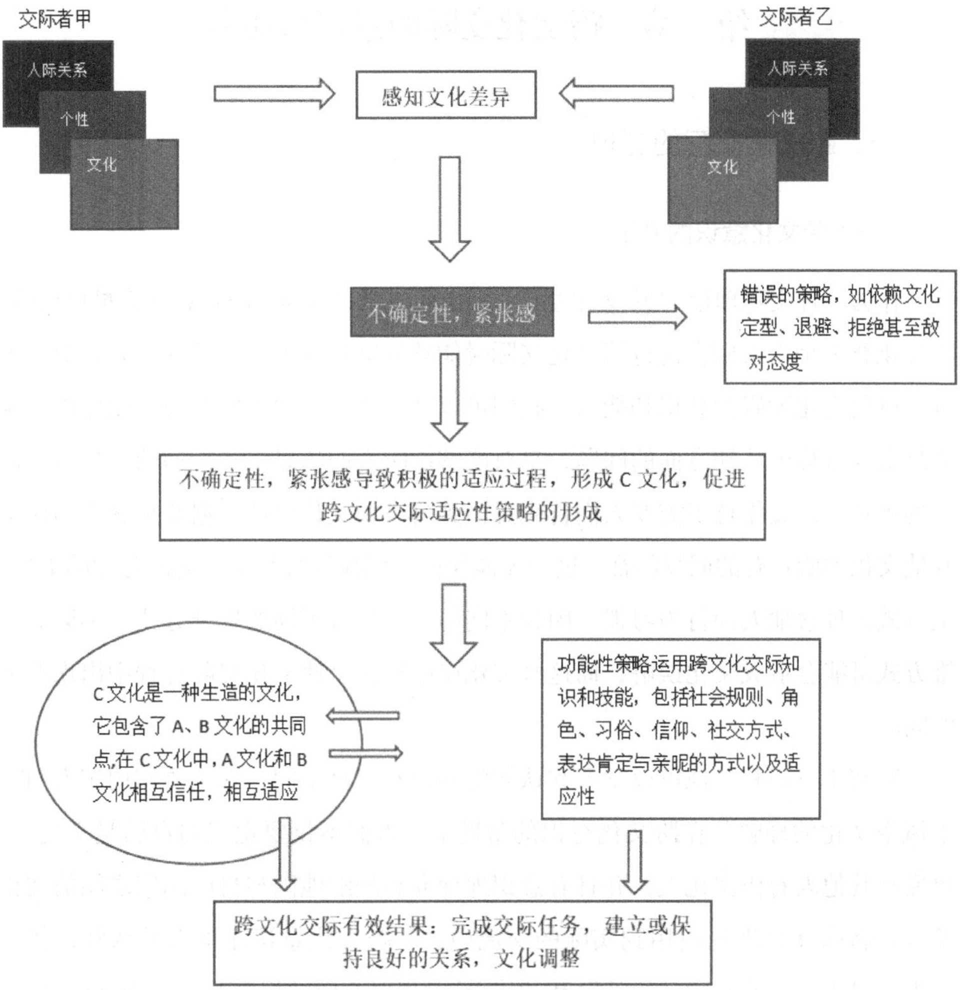

图 2-1-2　多德的跨文化交际模式

根据上述分析可知，多德的跨文化交际模式既涉及影响跨文化交际的因素、交际的过程、简单的交际策略和交际所应达到的效果，同时对界定跨文化交际能力、控制跨文化交际过程、选取跨文化交际策略以及评价跨文化交际结果等方面有着一定的帮助。

第二节　跨文化交际的意识与能力

一、跨文化交际的意识

（一）跨文化意识的界定

作为一种交际理论，“跨文化意识”是由西方学者汉维（Hanvey）最早提出的。跨文化意识是指人们在进行跨文化交际时能够发觉和理解文化差异，并在交际中有效避免文化障碍的意识和能力。我们可以将跨文化意识理解为跨文化意识涉及的是交际过程中认知方面的问题，是对能够影响人们的思维和行动的文化习惯进行的理解。跨文化意识需要人们首先意识到自己的文化属性，据此来认识和探索其他文化中所具有的明显特征，这样才能保证人们在进行跨文化交流时能够更好、更有效地理解他人的行为习惯。因为不同的文化具有不同的思维方式，不同的思维方式可能会造成文化误解，而这些文化误解往往会使文化交际过程中出现严重的问题。

跨文化意识和其他可以学习和认知的知识和信息不同，它主要作用于人们对于风俗文化的理解。在跨文化意识的帮助下，人们不仅要意识到自己是文化人，也要将其他人看作文化人，并且有意识地探究和理解他国与自己国家之间的文化差异，将跨文化理论应用到实际的交流中去。跨文化意识注重人的认知，忽略了人们对于文化差异的“承认”和“接受”。想要有效地提高跨文化交际的效率，不仅要认识到文化之间的差异，还要接受和理解这种文化之间的差异，只有这样，人们才能更加顺利地进行跨文化交流。

在跨文化交际中，如果能够具备一定的跨文化意识，就能够意识到不同国家之间人们的风俗习惯、行为方式有很大的不同，而这种不同是允许存在的，是合情合理的。虽然有所不同，但并没有谁会高人一等，都是平等的。在跨文化交际中，必须深入理解和接受不同文化之间的差异。前提条件就是要具备一定的跨文化意识。

还可以用另外一种说法来阐明跨文化意识的内涵，跨文化意识指的是人们处理和解决跨文化过程中出现的文化差异的能力。人们要意识到，世界上并非只有自己国家的这一种文化，世界上每个国家都有着不同的文化，这些文化共同组成了世界的文化财产。不同的文化之间虽然存在着差异，但是都拥有相同的地位。因此，认识和理解文化差异对于进行跨文化交际具有重要的意义，而要想理解和认识文化差异可以采取培养跨文化交际意识的方式来进行。具体而言，跨文化意识具体指的是，我们在进行跨文化交际时要保持敏锐的感觉，能够及时发现其中出现的问题；同时培养自己理解和分析文化差异的能力；此外还要具备处理和解决问题的能力，为跨文化交际过程中出现的问题找到合适的解决方法。

（二）跨文化意识形成的过程

从获得跨文化意识所经历的重重艰难和挫折可以清楚地看出，要想使文化意识得到提高，就必须要克服各种艰难和阻力，同时要意识到获得跨文化意识必须经历一个既漫长又艰苦的过程，需要一步一个脚印地往前走，一个阶梯一个阶梯地往上爬，才可以最终到达使自己满意的跨文化交际能力和文化适应水平。

1. *获得跨文化意识的层次*

获得跨文化意识的第一个层次是保持一种旅游者的心态来面对不同的文化。这一层次具有的主要特点是，人们从本国的文化视角出发，对其他文化进行观察，看到的现象往往停留于事物表面，同时人们往往会将这些现象进行模式化和普遍化，将偶然现象认定为普遍现象，将该文化的表面现象视作其本质特征，使得新接触这种文化的人会受到一定程度的影响，进而对该文化带有一定的偏见。

获得跨文化意识的第二个层次会出现文化休克的现象。因为没有对新文化具备足够的认识，所以一些人无法适应新的文化，常常出现文化误解和文化冲突的事件，这也会在一定程度上影响新来者的心态，使其容易感情用事，无法对事物进行理性的思考，进而抵触和逃避新的文化环境。其中，文化休克的三大心理特点为无所适从、忐忑不安、抵触心理严重。

在获得跨文化意识的第三个层次中，人们开始具备理性思考以及产生想要适应环境的态度。随着了解越来越多的新文化知识，新来者会逐渐对新的文化环境产生熟悉感，同时也开始与新文化环境中的人建立起一定的联系。这个层次最大的特点是，新来者开始具备理性思考和冷静处理所遇到的文化差异与文化冲突事件的能力，并且也产生了主动了解与适应新文化环境的心态。

在获得跨文化意识的第四个层次中，人们开始产生主动了解和自觉适应新环境的态度。随着时间的推移，新来者逐渐能够认识和适应新的文化环境以及跨文化交际的过程，改变先前只注意表面文化现象的态度，开始从更深的层次来观察和了解文化的含义和本质特征。新文化的主要特征包括新的民族特色、新的社会情况、新的思维方式以及新的生活习惯与交际行为等方面。新来者正是因为开始认识和了解新文化的这些特征，所以才会产生自主提高文化意识的心态，从而能够更好地接受文化差异、适应新的文化环境。所以，跨文化交际者要不断提升自己文化意识的层次，根据自己对新文化现象的理解来做出相应的改变，进而更好地适应新的文化环境，使自己具备初步适应文化水平的能力。

2. 增强跨文化意识的过程

借鉴西方的理论成果，结合本国人的实际，可以将跨文化意识的过程做以下说明：

（1）尊重新文化并乐于与新文化的人交往。

（2）积极参与新文化或与新文化的人交往。

（3）分析和理解新文化的现象以及跨文化交际行为，并了解其文化背景，找出其文化合理性。

（4）采取正确的态度，能够自觉地对自己的认识和行为进行调整，对新的文化环境产生更深入的理解。

（5）最终达到适应新文化的交际行为和新文化环境的水平。

（三）跨文化意识形成的障碍

阻碍跨文化意识的主要障碍有两个方面：首先是对文化的认知不够深入和充分，这可以说是客观因素；其次是来自母语的干扰，这是主观因素。

1. 对于文化认知不充分造成的困难

文化在某种程度上来说像一座冰山，人们看到的往往只是露出水面的一小部分，也就是文化中的语言表达、生活方式、交流方式这些表面现象。但是，对于深藏在水底的另一部分，也就是思维方式、价值取向等方面，却比较难以识别和理解。然而这深藏于水底的一部分正是决定着外在表象的重要因素。对于这些文化中的深层因素认识不够深入和充分，给跨文化交际带来了一定困难和障碍，所以在跨文化交际中要充分认识和理解这些深层因素。

2. 来自母语文化对于跨文化意识的干扰

人们在跨文化交际的过程中，对异国文化的态度会直接影响跨文化交际的行为。而对异国文化的态度首先来自本国文化的束缚。在跨文化交际的过程中，人们往往会将母语文化摆在文化认知的中心位置，这样就很难真正去理解和认知其他文化。在看待异国文化时会不自觉地运用母语文化的标准和知识来认识异国文化。“文化中心论”“文化模式化”“文化偏见”是跨文化意识的“三大敌人”。这三种错误不一定是人们有意为之的，更多的时候，人们是下意识地有了这些意识。“三大敌人”是跨文化意识的最主要的障碍和最根本的阻力。

（1）文化中心论。文化中心论是“三大敌人”中最主要的敌人，也是跨文化交流最主要的障碍，而且文化中心论也是其他两种错误意识的根源。内心深处根植文化优越感的人们会不自觉地将母语文化中的价值取向、风俗文化、思维方式作为评价的唯一标准，并运用这一尺度去评价和衡量其他民族的文化，觉得与本民族一致的便是优秀的文化，而与本民族文化不一致的便是错误的、不好的，文化优越感处处以母语文化为中心，以母语文化为标准，其表现主要包括：认为自己、本民族是世界和宇宙的核心，并以此为标准来衡量其他所有的文化；习惯性地认为本民族比其他民族优秀；觉得自己的阶层比其他阶层优秀；认为本群体、本国和母语文化最好，也最道德。这一观点导致的一种态度是唯我独尊——与我一致者为对，与我相左者则错。受到文化中心论影响的人习惯性地对与本国文化不同的文化采取一种排斥和敌对的态度，客观地理解和认知异国文化更是无从谈起。

文化中心论会对其他文化和社会造成严重的影响，使人们无法对本国的文化与其他国家的文化产生客观、理性的认识，从而使人们丧失跨文化意识，一切均以自己的文化为中心。持有文化中心论观点的人会认为只有自己国家的文化以及政治体制是合理的，其他人只能认同和适应自己国家的文化。

（2）文化模式。由于每个国家都有其对待事物的固有文化模式，因此每个人受其影响也会有对某人某事的根深蒂固的看法。他们会先想出一种模式，再生搬硬套地将其用在其他民族文化身上，最后用非常简单、非常具有总结性的，甚至更加夸张的方式对其他文化按照自己的模式进行划分，并将其他文化的所有现象都硬装进自己的模式中。受文化模式影响的人还会将每种文化内的全部成员都当作没有一点差别、同一个模子刻出来的同一的形象。

（3）对文化有偏见。对文化有偏见的人总是采取一种固定的、不公平的，甚至一种歧视的态度对待与自己不同的文化，经常性地搜集能够论证自己一直持有的看法的一些依据，而对于不同的文化现象和事物则将其置之一旁，不予理会。其主要表现如下：

对文化有偏见的人所坚持的一致看法是对整个文化群体的认识，并不是对某一个具体的人或事。对文化有偏见是在文化模式的基础上形成的，对文化有偏见的人根据其非常简单又具有概括性的而且过于夸张的错误认识去观察和分析某一文化群体。对文化有偏见的人具有固执较真且缺少理性思考的特点，如即使当他们发现了某一文化群体与他们的想法不同时，他们也不会改变自己的态度，而且会一直坚持自己的看法。对文化有偏见的人经常习惯性地、有选择性地对待某一文化群体的具体行为和特点，之后还有目的地搜集与自己所持看法一致的各种事实，却将与自己想法不同的事实抛之脑后。

二、跨文化交际的能力

（一）跨文化交际能力的界定

跨文化交际能力是指一个人能够在多元化和国家化的环境中生存、发展以及进行跨文化交际的能力。不同的学者对如何定义跨文化交际能力的问题有着不同的看法，但一般都用“有效性”和“适当性”来对跨文化交际能力进行界定。以下为不同学者对跨文化交际能力提出的定义：

（1）跨文化交际能力指的是交际者在特定语境下所表现出来的适当和有效

的行为。这个定义虽然较为简单，但是能够将跨文化交际能力的适当性和有效性与具体的语境之间的联系表现出来。

（2）跨文化交际能力指互动者谈判文化意义与适当地在一个特殊环境下用有效的沟通行为，以便确认双方多重认同的能力。这个定义表明，要想实现有效的、适当的跨文化交际行为，需要交际双方共同构建社会文化的多重认同。

（3）跨文化交际能力指的是进行成功的跨文化交际所需要的能力或素质。这个定义表明，跨文化交际能力是完成跨文化交际的必备条件。

（4）跨文化交际能力是语言能力、非语言能力、跨文化理解能力和跨文化交际适应能力等方面的综合能力。这个定义表明，跨文化交际能力是一种综合性的能力，包含了多方面的内容。

（5）跨文化交际能力强调与不同文化背景的人们进行有效的、适宜的交际的能力。这个定义表明，交际活动的目的是实现某一确定的目标，而跨文化交际能力的决定因素是跨文化交际或目标实现的有效结果。

学者们出于不同的角度，对于跨文化交际能力的定义各有不同，但这些定义存在着一定的共性，那就是交际的跨文化性以及交际行为的得体有效性。不同文化背景的交际者有着不同的行为模式和行为习惯，所承担的社会角色自然也有所不同，所以会采取不同的方式来判断交际对象在特定场景中的交际行为，并赋予其不同的表现期待。如果对方在交际过程中的行为表现不符合自己预期，就可能会对其产生不满或者厌恶的情绪，这些负面情绪会对跨文化交际的结果产生消极的影响，甚至直接导致跨文化交际的失败。

学习者要想增强自身的跨文化交际技能，就要摆脱本族语和目的语及其相应文化的束缚，理解不同的文化所具有的思维方式和生活方式上的差异，开阔自己的视野，使自己能够灵活适应不同的社会文化环境。跨文化交际技能和外语教学之间存在着密切的联系，因此我们可以通过学习外语来培养和发展自己的跨文化交际能力。

（二）跨文化交际能力要素及其关系

学者们始终没有对构成跨文化交际能力的因素达成统一意见。有学者认为，跨文化交际能力主要包括以下内容：第一，尊敬他人的文化，采取积极的态度；第二，不对他人的文化进行评判，而是采取描述的方式来对待他人的文化；第三，在遇到问题时能够做到换位思考；第四，能够树立起正确的文化意识，认识到人与人之间存在的自然差异；第五，能够采取合适的方式，灵活地应对不同的交际情景；第六，能够察觉和判断对方的需求，并采取恰当的互动方式；第七，能够在环境发生变化时从容冷静地做出反应。

跨文化交际能力是人们在特定文化背景下，应对不同的跨文化交际场景的能力，其核心是适应能力。从认知的角度看，跨文化交际能力体现在个体头脑的开放性、认识事物的复杂性与多样性等方面；从情感的角度看，跨文化交际能力体现在个体的移情能力、容忍不确定性的能力以及克服文化偏见能力等方面；从行为的角度看，跨文化交际能力体现在个体处理问题、维持关系以及完成交际任务等方面。这三个角度的适应能力都是通过语言来体现的。

构成跨文化交际能力的要素除了上述内容之外，还包括语言应用能力、情节处理能力以及采取策略的能力，此处的情节处理能力指的是在不同的文化情节下与他人进行正常交际的能力，这与卡纳尔以及斯温所说的社会语言能力及语篇能力是一致的。这些能力在跨文化交际中都非常重要，能够帮助人们实现有效的交际。

第三节 跨文化交际的主要理论

一、意义协调理论

谈话常常被人们认为是生活中理所当然的事情，但事实上，人们在与他人进行交谈时往往采取的是大家预期的方式，这是一种约定俗成的群体习惯。人们常常使用意义协调理论来解释交谈的本质。意义协调理论最早是由 W. 巴内特・皮尔斯（W. Barnett Pearcer）和弗农・克罗农（Vernon Gronen）在借鉴哲学、心理学、教育学的研究成果之上提出的，他们认为交际是受到一定指导和制约而得以进行的。该理论一般是指个体确立规则、创造和解释意义的方法，以及人们在交谈中使用这些规则的方式。

皮尔斯和克罗农认为生活是一场“没有导演的戏剧”，而该戏剧的主要内容就是由谈话呈现出来的。由于生活这场戏剧既没有导演也没有剧本，所以具有错综复杂的情节，“演员们”根据自己的经验来维持着生活的正常进行，与此同时并与他人进行沟通交流，进而调整着自己的生活走向。事实上，那些能够理解他人文化的人在进行跨文化交际时能够使自己的认知保持前后一致，而那些无法理解他人文化的人则需要协调他们的意义。由此可见，能够在谈话中达成共识是一件非常不容易的事情，皮尔斯和克罗农所做的比喻将意义协调理论的本质揭露了出来。

（一）意义协调理论的前提假设

意义协调理论重点关注的是个人以及个人与他人之间存在的关系，它揭示出了个体把意义赋予某个信息的方法。意义协调理论的前提假设具体如下：

首先，意义协调理论的第一个假设是个体始终处于交际活动中，这表明了交际活动在人类生活中存在的普遍性以及重要的地位。在皮尔斯看来，交际对人类生活存在的意义远比我们想象中的更为重要，这也就是说，我们始终生活在交际活动当中。意义协调理论的观点是，人们之间的互动创造了社会情景，简单来说就是人在进行社会交往的过程中赋予了谈话意义。在人际交往系统中，每个人都是参与交际活动的重要组成部分，而人际交往系统反过来又可以对系统中的每个人的行为和反应作出解释。由此可见，交谈的现实是由个体创造的，并且每个互动都具有独特之处。在西方学术界，大多数学者都认为交际是一种思考和表达的工具，但是皮尔斯和克罗农持有不同的观点，他们认为，我们只有对交际进行重新审视，才能通过新的交际情景更好地理解交际，进而才能深入理解人类的种种行为所具有的意义。

其次，意义协调理论的第二个假设是社会实在是由人类共同创造的，其中所提到的社会实在是指个体对行为及其意义的理解与他人进行的交际活动之间的符合程度。交际活动中的双方在进行交谈之前都具有一定的交谈经验，两个人从不同的切入点进入交谈的过程中，而此次交谈的结果又将会产生新的社会实在。因此，我们可以认为，新的社会实在是经过交谈双方不断的共同努力而创造出来的。

再次，意义协调理论的第三个假设是信息传递要通过个人意义和人际的意义来完成。其中，个人意义指的是个人在与他人进行互动交流过程中，通过运用自己特有的经验而获得的意义。也就是说，个人意义是个体从以往与他人互动而积累的经验中获取的，所以个人意义在不同的个体间存在着巨大的差异。个人意义对于个人的人际交往具有非常重要的作用，能够帮助人们发现与自己及他人有关的信息。当交际中的双方能够对彼此的解释拥有一致意见时，就产生了人际的意义。也就是说，人际的意义并非个体独立完成的，而是由交际双方共同创造的，并且对应着不同的交际场景。因为人和人之间存在着非常复杂的关系，所以往往需要花费一定的时间来获取人际的意义。

从以上对于意义协调理论的三个假设的分析中，我们可以发现，该理论重点关注的内容是交际、社会实在和意义。

（二）意义协调理论的应用

我们在交谈过程中始终需要运用意义协调理论，但是却很难描述出意义协调的内容，可采取的方法就只有对人们日常生活中的行为进行观察。由于人们的能力是有限的，所以在交谈过程中意义协调不时会出现各种问题。人们在谈话中会不自觉地运用意义协调理论，当人们试图对谈话内容进行分析，从中获取信息并寻找其意义时，意义协调已经开始发挥其作用。意义协调的交谈结果有以下三种：第一，交谈双方的意见达成一致；第二，交谈双方无法统一意见；第三，交谈双方的意见在一定程度上实现了协调统一。现实情况下，往往出现的都是第三种结果。

1. 意义结构的等级

相关学者将意义协调理论分为六个层次，分别为：内容、言语行为、契约、情节片段、生活剧本和文化模式。这六个层次之间存在着密切的联系，一个层次包含着另一个层次，其中内容是意义最低级的层次，文化模式是意义最高级的层次。人们是通过不同的层次来解释意义的，而高级层次的意义能够对人们理解低级层次的意义起到帮助的作用。

第一个层次是内容。人们在交谈中获取的原始数据就是内容层级的意义，我们也可以称之为未经解释的刺激，这部分的意义具体包括行为、噪音、视觉刺激等形式。人们可以根据内容层次的原始数据来实现意义转换的第一步。

第二个层次是言语行为。言语行为指的是通过说话的方式来执行的各种个体行为，如抱怨、承诺和质疑等。言语行为将讲话者的意向进行了传递，并且指明了进行特定交际的方法。例如，我们对爱人所说的“我爱你”就是一种言语行为。在皮尔斯看来，言语行为是由人们共同创造出来的，它并非一种物体，而是表现为意义的逻辑和交谈行为。

第三个层次是契约。契约指的是交际中的双方对双方关系存在的可能与限制达成的一致意见。契约可以指导和限制个体的行为，同时规定了双方关系的界限。此外，契约还能为个体在交际过程中采取的态度提供参考，例如，双方在交际中可采取的发言方式以及交谈中存在的禁忌等。

第四个层次是情节片段。情节片段指的是存在明确的开始、发展和结局的交际惯例，描述了人们具体的行为语境。不同文化背景的人对情节片段有着不同程度的强调，这也意味着他们所表达的情节片段有所不同。所以，情节片段中存在着两种不同的视角，分别为局内人视角和局外人视角。其中，我们需要格外注意的是，情节片段是建立在文化的基础上的，而人们往往是怀揣着不同的文化期望来决定情节片段的发展方向的。

第五个层次是生活剧本。生活剧本指的是个体过去、现在以及与他人共同创造的情节片段，与人们的自我感觉存在着较强的关联。每个人都有着不同的经历，所以其生活剧本也不相同。

最后一个层次是文化模式。文化模式指的是世界秩序及其关系的整体图像。在对意义进行解释时，我们必须格外重视个人与文化的关系。拥有不同文化背景的人们根据自己的文化对意义进行解释时可能会出现交际障碍的问题。

意义的层次在交谈过程中具有十分重要的作用。拥有不同经历和不同文化背景的人采取的交际方式并不相同。所以，人们的意义等级通常存在着较大的差异，而对意义的层次进行划分，能够帮助我们更好地理解意义协调和管理意义。

.2. 影响协调过程的因素

意义协调的过程非常复杂，会受到多方面因素的影响，其中最主要的因素是个体的道德感以及获得资源可能性。

意义协调需要个体遵守一定的道德规则，其实质是在交际过程中个体表达自身的伦理立场和观点的机会。伦理组成了谈话的内在部分。在交际过程中，每个人都扮演着不同的角色（如朋友、恋人等），并为谈话带来不同的道德规则。交谈中的每一个角色都需要承担不同的责任，同时享受一定的权利。例如，在一些文化中，男人承担着领导和保护家庭的角色，这与女性的义务存在着一定的冲突，从而会对他们交谈的过程产生一定程度的影响。

除了以上因素外，意义的协调还受到个人获取资源能力的影响。皮尔斯认为，资源是人们为世界赋予意义而使用的各种故事、形象、象征和制度，同时还包括感知、记忆以及能够帮助人们与自己的社会实在保持一致的内容。在交际过程中，协调发挥着重要的作用。因为人们在谈话中带入了不同的资源，并根据自己所理解的意义来调整自己的行为，所以与他人的协调有时较为简单，但有时也会较为困难。以在工厂工作的李某和张某为例李某并没有读过大学，但是他在工厂的工作时间长达十年，非常了解该工厂各方面的情况，所以颇受手下员工的尊敬；而张某是获得了 MBA 学位的大学生，最近才进入工厂从事管理工作，招聘时工厂看中了其管理能力，希望能够通过他的管理使企业焕发出新的活力，所以安排张某来领导李某所在部门。其中，李某的资源是非常了解工厂的发展历程和各组成部分的情况、与其他员工保持的融洽关系、多年积累的丰富经验以及对企业目标的深刻认识，但他的眼界和工作能力会受到其多年工作经验的限制；而张某的资源是在大学教育中所学到的管理知识以及工厂中少数高层领导的信任，但他对于工厂的历史和基本情况缺乏了解。由此可见，因为张某和李某拥有的资源不同，所以两者在交际过程中会出现一定的障碍。

3. 意义协调的规则

除了上述内容外，意义的协调还会受到交谈规则的影响。规则是意义协调理论的重要内容之一，同时也是建立意义协调理论的重要依据。有学者认为，通过使用规则能够实现个人管理与意义的协调。支持意义协调理论的人则认为，规则能够让人们拥有选择的自由和空间。一旦确定了对话的规则，人们就需要在规则的框架中进行交际活动，并且能够享受一定的自由空间。在交谈过程中，交际双方不仅要了解交谈的规则，同时也要做到能灵活地运用交谈的规则，对其进行举一反三，应对交谈中出现的新问题。但是以上交谈中的技巧很难通过文字进行描述。交谈规则不仅是对交谈双方行为的一种约束，同时也要求双方要在理解社会实在和当前交际情境的基础上调整自己行为，使交谈达到协调的效果。

支持意义协调理论的人将交谈中的规则具体分为制度性规则和调节性规则这两类。其中，制度性规则是指人们对特定语境下的某个行为或者通过某个层次的意义来理解另一个层次意义过程中所运用的规则。正是因为交谈中存在制度性规则，所以我们能够理解他人话语中所暗含的意图。例如，“我爱你”这句话对于不同的交谈对象所表达的含义不尽相同。我们往往会采取不同的规则来处理不同的交际关系，交际双方也会按照关系和情节片段的不同来分析和判断对方所表达的信息。由此可见，制度性规则能够帮助人们在交际过程中正确地理解意义的内容。交谈中的另一种规则是调节性规则。调节性规则是指人们在交谈中所采取的各种能够引导谈话发展方向的规则。

制度性规则能够帮助人们进行意义的解释，但并没有为人们的行为提供指导，而调节性规则恰好弥补了这一点，在交谈中指导着人们采取不同的行为。由此可见，制度性规则与调节性规则之间存在着较大的差异。

（三）意义协调理论的批评和总结

皮尔斯和克罗农所提出的意义协调理论将交际作为基础，在一定程度上对交际双方的内心情况以及意义的管理进行了探究，对人们的交际活动存在一定的启发效果。意义协调理论所涉及的范围非常广泛，既可应用于自我交际过程中，同时也能运用到与他人的交际过程中。此外，该理论还被用来研究交谈、文化社群、家庭、组织等领域的相关内容。

虽然上文中介绍了意义协调理论的诸多优点，但是也有一些学者认为该理论存在一定的缺陷。例如，戴维·布伦德斯（David Brenders）对“个体在与他人的交谈中引入独特的语言系统”的观点进行了质疑，同时也反对“意义是个人内在的经验”的观点。戴维·布伦德斯认为，语言是人们共享的一种资源，而非私人的物品，承担的角色为共享的象征意义的中介。此外，皮尔斯和克罗农认为，在交谈中选取的规则是因人而异的，但是戴维·布伦德斯则认为他们这一观点的内容太过宽泛，并没有将意义的社会属性揭露出来。不过不可否认的是，意义协调理论能够在很大程度上帮助我们理解交际情境中规则的运用。

二、言语代码理论

言语代码理论是由格里·菲利普森（Gerry Philipsen）研究文化交际时提出的，该理论指的是“交际行为文化层面上的不同代码”，也可以说是社区谈话所代表的不同交际行为的不同代码。交际在文化交际过程中的具有的实际功能是使个体主义与集体主义这两种力量保持相对的平衡，为人们提供一种能够维持个人尊严与发挥个人创造力的身份共享感。

我们可以将带有共享身份的文化交际分为创造和确认这两个次级交际过程，并且交际的功能可以在这两个次级交际过程的平衡中得以实现。因此，文化交际过程中会对社区谈话中所使用的文化代码的相关问题进行协商。人们在社区谈话的过程中会对如何“共同生活”的问题进行协商。菲利普森认为，言语代码是在历史的发展与社会的构建过程中形成的，涉及与交际行为相关的理论、意义、前提以及规则。

（一）言语代码理论的前提假设

菲利普森所提出的言语代码理论对个体与他人如何交际的问题进行了集中的研究。在菲利普森看来，影响交际行为最基本的因素是文化的因素。菲利普森提出了五个前提假设来解释言语代码的基础，具体如下：

菲利普森提出的第一个假设是：每一种文化都具备特定的言语代码。这个假设建立在言语代码在一定程度上均存在一定差异的基础上。很多学者对大量的案例进行了研究，发现文化确实是会对人类的交际活动造成影响。言语代码总是被特定的人群使用在特定的地点中。当我们第一次与他人进行交谈时，通常情况下会询问或者猜测对方来自哪里。人们在交谈时所使用的语言总是会和特定的地点联系起来，如国家、地区和社区等。

菲利普森提出的第二个假设是：言语代码的内容非常丰富，包括各种能够体现文化差异的理论体系（如心理学体系和社会学体系等）和语言风格。这种假设认为，言语代码与文化的心理学特征以及人们如何看待自己的问题之间存在着密切的联系。也就是说，某些态度、心理状态以及价值观念是文化所独有的内容。例如，阿拉伯人会使用一种叫作“Musayra”（阿拉伯人使用的言语代码体系）的言语代码，来满足自己对于尊严的预期。保持尊严是人类所具有的一种价值观念，这种价值观念要求人们使用谦卑的语言来与他人进行交谈，同时在交谈过程中要保持热情的态度。如果我们在交际过程中使用阿拉伯人的 Musayra 言语代码，就会通过礼貌、热情的方式交谈，并且讲话时较为委婉，以此来保持个人尊严，这体现了阿拉伯人特定的文化心理状态。而以色列犹太人则与之恰恰相反。以色列犹太人使用的是一种叫作 Dugri（以色列人使用的言语代码体系）的代码，以此来凸显自己的民族身份。他们的这种身份意识是建立在对于自己国家深深的热爱和自豪之上的。

菲利普森提出的第三个假设是：言语的意义是通过交际双方所使用的言语代码对交际行为进行的解释和创造来实现的。这个假设认为，言语的意义是取决于其使用者而非文字这个介质，这告诉我们，如果想真正理解人们的社交行为，就需要去研究人们在交际过程中使用的语言以及言语代码。要想对人们在交际中采取的行为进行解释，就需要借助言语代码来完成。我们在运用言语代码来解释人们的交际行为之前，我们首先要理解该言语代码的内涵。如果我们不了解 Musayra 言语代码，就可能会认为使用这种代码的阿拉伯人软弱且阿谀奉承，但事实上他们只是按照代码的方式采取客气委婉的交谈方式，这就造成了一定的交际障碍。而以色列犹太人采用的 Dugri 言语代码是一种非常直接的交流方式，他们经常会说一些例如“你错了”或者“不对”的话，有时会给人留下一种粗鲁好斗的感觉。如果我们不了解 Dugri 言语代码，就会觉得这种交流方式过于直接和粗鲁，由此可见，在跨文化交际中，如果不了解对方的言语代码就很容易造成交际障碍。

菲利普森提出的第四个假设是：言语代码的详细内容、具体规则和使用前提始终贯穿于言语本身的内容中。这种假设认为，言语代码的存在是非常普遍的，任何人对自己的生活进行仔细观察后均能发现其中存在的言语代码。我们可以通过对文化成员的交际活动进行观察，以此来深入研究他们在交际过程中所使用的言语代码。此外，我们还可以通过在一些仪式化的交际活动中对人们的语言代码进行观察和研究，例如不同国家和地区人们打招呼的方式。在交际过程中，人们通常会使用特定的词汇或者肢体动作来表现双方之间的关系。通过对这些特定的词汇以及交际模式进行研究，我们可以发现世界的有序性。

菲利普森提出的最后一个假设是：巧妙利用言语代码，可以借助交际行为的可理解性、审慎性和道德标准对语篇形式进行控制。这种假设认为，人们的交际活动并非机械式的。虽然人们的日常生活中充满了各式各样的言语代码，但是这并不代表着人们对其习以为常，相反，人们会不时地对这些言语代码进行反思，并改变其典型模式，这就代表着，言语代码并非不可改变或者无法避免的，言语代码会随着情景的改变而进行一定的改变。所以，我们在交际过程中要积极地扮演起参与者与观察者的角色，对交谈对方的言语和行为进行预测和理解。

（二）言语代码理论的应用

菲利普森的言语代码理论可以通过一个例子来说明。一架飞机上的乘客非常不满意航空公司提供的食物，其中两位非裔美国乘客向乘务员表达了他们的不满，但乘务员并不熟悉这两位乘客所使用的言语代码，所以他们之间存在着交际障碍。这时，另外一位能够理解那两位非裔美国乘客所使用的言语代码的美国女性乘客主动提出帮助他们进行沟通。非裔美国乘客与乘务员在这名美国女性乘客的帮助下顺利完成了交际过程。这个例子就很好地表明了文化对人们交际方式的影响。

同一种文化中，人们一般会具有共同的生活特点以及行为习惯，例如，相似的服饰风格、食物品味、处事态度以及交际方式等。处于同一文化环境中的人们会使用同一套语言使用和解释的规则，这就意味着，人们对语言的使用、理解和解释在很大程度上是与他们的文化身份有关的，如词汇的选择、口音的习惯、对俚语的理解等。

下文将对阿拉伯人所使用的 Musayra 言语代码体系和以色列犹太人所使用的 Dugri 言语代码体系分别进行描述，以此来加深我们对于言语代码的认识。

阿拉伯文化和以色列犹太文化的产生都是在一定历史背景下进行的，随着这些文化的出现和发展，不同的交际规范也逐渐形成。

阿拉伯人的 Musayra 言语代码中的 Musayra 一词的本意是“协调”或“与……相处”，它源于阿拉伯文化的核心价值观念（尊敬、友善和集体主义）。这种言语代码体系要求阿拉伯人在与他人的交际过程中发展和谐的关系，保持礼貌、谦卑，同时避免出现冲突。

Musayra 言语代码具有四个明显的交际特征。其中，第一个特征是 Musayra 言语代码经常使用格式化的重复表达方式，主要目的是对他人进行恭维和赞扬，这体现了阿拉伯人为合群以及与他人协调相处所付出的努力。阿拉伯人还会在议论性的文体中使用这种重复表达方式，以此来影响他人的观念。第二个特征是讲话方式委婉，阿拉伯人通过委婉的交谈方式，能够轻松地转变自己在交谈中所处的立场，实现与他人协调相处的目的，同时也能保证自己在交谈中的自尊。第三个特征是语言详尽，该言语代码具有非常强的表现力，能有效加深交谈双方的联系，使双方的关系更加稳定。第四个特征是注重情感表达，这能够使交谈双方彼此认同，通过情感交流来拉近彼此间的距离。

以色列犹太人使用的 Dugri 言语代码与阿拉伯人所使用的 Musayra 言语代码有着明显的区别。

以色列犹太人的交际方式非常直接，他们往往更注重语言的语用功能。Dugri 言语代码中的 Dugri 一词的含义为“直接讲话”。与 Musayra 言语代码完全相反，Dugri 言语代码中最重要的交际目标就是“直入主题”，而 Musayra 中非常重视的礼貌和情感的沟通则在 Dugri 中居于次要地位。在交谈过程中，阿拉伯人更注重维持双方的正面形象，而以色列犹太人则更注重讲话的直接明了。

（三）言语代码理论的批评和总结

在菲利普森看来，当人们在进行社区谈话时，其文化方式和文化内涵会在交流行为中留下不同的痕迹。在人类生活中，群体成员参与社区谈话是一种非常普遍的现象；同时，不同地区的社区谈话也会存在不同的文化特点。菲利普森认为，交际是一种具有启发性和实践性特点的资源，能够实现文化在个人和社区生活中具有的功能。社区的功能是让个人成为社区的成员来生活。交际的启发性体现在，社区的新成员都要通过交际活动来适应本社区的文化特点与文化内涵；而交际的实践性体现在，个人可以通过交际活动来参与社区谈话。

菲利普森等学者在总结出言语代码理论基础上对其中影响我们交际的文化和代码进行了实证研究。在这些学者看来，人们是通过对文化的言语代码的运用来赋予交际意义的，人们使用的文化和言语代码也会对其行为造成影响，而要想在交际中连贯地、艺术性地运用这些言语代码，我们需要对言语代码采取不同的修辞力度。

虽然言语代码理论能够为学者们提供全新的视角以进行跨文化交际学的研究，但是仍有一些学者对言语代码理论提出了质疑。有些学者认为，言语代码理论的内容过于宽泛，对一些价值观念和道德伦理方面的因素欠缺考虑，并且它没有对人们如何看待以及每天所要面对的不同情景的感受等内容进行深入的讨论。

不过，人们对菲利普森提出的言语代码理论中的很多观点都非常认同。不同文化的社区成员所使用的言语代码和交际方式都不尽相同，这些言语代码和交际方式为同一社区人们的沟通搭建了坚固的桥梁，同时也为其他言语社团与本社团的交流造成了障碍。虽然社区的言语代码目前均形成了相对稳定的形式，但是其仍然会随着社区中一些因素的改变而发生变化。在人们进行对话或谈判时，首先要将了解对方的言语代码作为前提条件，但是并非所有情境中的人们都能通过语言代码来预测对方的交际行为；同时需要注意的是，通过运用语言代码来进行翻译时，很容易会丢失词语原本的文化内涵，这是因为词语的存在并不是孤立的，而是需要借助构成言语代码的符号来获得意义。

三、面子—协商理论

胡先缙在社会科学领域中首先引入了面子研究。胡先缙将“面子”和“脸”这两个概念进行了区分，其中“面子”指的是个人的名誉和社会地位；“脸”指的是个人的道德品行。虽然“面子”和“脸”并不是同一个东西，但是两者之间却存在着无法分割的关系。胡先缙提出的这种观点能帮助我们了解面子构造的复杂性，不过也有学者对这种说法提出了质疑，认为“面子”与“脸”进行简单划分，不如将面子看作一种具有多种面孔和多项功能的复杂混合物，这是一种相对科学的观点。

美国社会学家高夫曼是最早对面子进行系统讨论的学者。他认为，人们在进行人际交往时总是倾向于采用一定的手段和技巧来为他人留下较好的印象，这就和戏剧中的演员在表演时会运用一定的演出技巧来为观众留下较好的印象是一样的道理。所以，我们可以将面子理解为人们在交际过程中所展现的外在“自我形象”，而这种外在“自我形象”又有两方面的内涵：第一，“自我形象”是他人所看到的“我”；第二，“自我形象”中的“我”具备一定的可操控性。每个人在交际过程中都会存在一定的对“自我形象”进行管理和维持的自然倾向，因此格外关注自己的面子，这种关注就是对我们日常交际行为存在影响的主要心理因素。

高夫曼的观点告诉我们，面子（“自我形象”）产生于人们的交际活动中，一个人是否有面子，取决于交往过程中他人怎样看待自己；同时，面子又是人们在交际过程中主动构建起来的，也就是说，其他人如何看待自己，在很大程度上是由自己采取何种方式来做面子决定的。

丁允珠（Stella Ting-Toomey）于 1998 年提出的面子—协商理论受到了越来越多学者的广泛关注。面子—协商理论是一种多元化的理论，主张面子的构建需要经过双方协商，而面子能否构建成功取决于交际双方是否进行了共同努力。交际双方在交际过程中都会对自己的面子进行积极的构建，同时也要给对方构建面子的机会，也就是说，维持自己的面子与维持对方的面子需要同时进行才能使交际双方成功完成面子的构建。

面子—协商理论有着丰富的内容，如与跨文化交际、冲突等问题相关的以及

“面子工作”的内容，这一理论被相关学者用于进行跨文化交际研究，在研究过程中发挥了突出的优势，并得到了广泛的应用。丁允珠专门研究了不同的文化群体，并认为“面子”和“冲突”需要在一定的文化中才能表达出来并得到保持，所以对这些现象进行解释时人们可以选取文化作为更大的研究框架。在人类对于面子的研究领域中，明确提出文化不同的人们在冲突的感知和处理上存在差异的相关理论很少，而面子—协商理论就是其中之一。面子—协商理论的观点是，因为人们的文化背景不同，所以在对他人面子的关心程度上有所区别，而这种差异导致了人们在面对冲突时采取的处理方式不同。我们可以将这一观点当作理解面子—协商理论的基础。

为了能更加深入地理解面子—协商理论，我们首先要了解该理论中涉及的一些重要概念：

（1）面子倾向。面子倾向指的是面子协商者调整注意力和相关行为的倾向，具体包括自我面子、他人面子和相互面子三个方面。其中，自我面子指的是个体在冲突情境中自己的面子受到威胁时采取的保护措施；他人面子指的是个体在冲突情境中对他人面子的考虑和关心；相互面子指的是交际双方在冲突情境中对彼此形象或者双方关系的考虑和关心。

（2）面子工作。面子工作可以分为两个方向：第一个方向是对自我面子的构建和保护所采取的交际行为；第二个方向是对他人的面子构建、保护或者威胁而采取的交际行为。也就是说，面子工作建立在对自我面子或他人面子的需求上，使自己所采取的交际行为能够与他人的面子保持一致。而面子工作的内容可以分为以下五个方面：

第一，对面子的关心工作，也就是个体关心的是自我面子、他人面子还是相互面子。

第二，面子行动工作，也就是对保护、维持或者提升自己的面子所采取的具体行动。

第三，面子工作互动策略，也就是个体为了保护和提升面子所使用的言语或者非言语行为。

第四，冲突交际风格，也就是人们在处理冲突时常常采取的行为趋向。

第五，面子的范围，也就是面子的不同类型或者重点。

对于该理论的细节分析将在后面详细展开，下面首先要了解该理论的前提假设。

（一）面子—协商理论的前提假设

虽然在人们的交际活动中普遍存在面子工作，但是，不同文化中设定或理解面子特定含义以及进行面子工作的方法并不相同。丁允珠学者的面子—协商理论的前提假设可以概括为以下几个方面：

（1）在所有文化的所有交际情境中，人们都会努力保持和维护自己的面子。

（2）当个体的身份在特定情境（如尴尬、要求或冲突等）中受到质疑时，面子的问题非常难以解决。

（3）面子工作的趋向活动、内容和风格受到了文化变量维度的限定，如个体主义—集体主义和大/小权力距离等。

（4）个体主义—集体主义对社区成员选择自我导向面子工作或他人导向面子工作有着决定性作用。

（5）大/小权力距离对社区成员选择垂直型面子交流或水平型面子交流有着决定性作用。

（6）在特定文化情境中，文化变量维度与个体因素（如自我解释）、关系因素（如亲密程度、地位、内集团/外集团）、情境因素（如局部特点）等方面共同对个体采取的特定面子行为发挥着影响作用。

（7）跨文化面子工作能力是指能够融合自身的知识、意识和交际技巧来选择恰当、有效的方式处理因身份不同而引起的情境冲突的能力。

根据以上假设前提，1998 年产生了新版本的面子—协商理论，其中该版本提及了 32 个重要命题，分别用来解释文化与面子策略关系、文化与冲突风格关系以及面子策略的个体因素等相关问题。自此以后，学者们开始对文化因素和面子策略关系、文化因素和冲突风格关系、文化因素和面子策略关系、个体因素和面子策略关系以及个体因素和冲突风格关系等内容展开了更加详细的研究。

（二）面子—协商理论的应用

面子工作和冲突风格主要体现在跨文化交际中的两个维度上：个体主义—集体主义文化和权力距离，并且这两个维度能够有效帮助面子工作的进行以及冲突的解决。

1. 个体主义—集体主义文化与面子工作

作为一种文化模式，个体主义文化是由联系相对松散的个体组成的。在个体主义文化中，个体认为自己是一个独立的集合体，并且优先完成个人的目标而非他人的目标。个体主义文化认为，个人身份比群体身份更高，个人权利比集体权利更重要，个人需要比集体需要更迫切。我们通常将个体主义文化认定为一种低语境文化，这是因为在个体主义文化中意义很少需要借助语境进行传递，更多的是通过人们的言语表达。世界上典型的个体主义文化国家有美国、英国、加拿大等。

集体主义文化是与个体主义文化相对应的一种概念，是由联系相对紧密的个体组成的。在集体主义文化中，个体作为组成部分共同构成一个大的集合体或更多集合体，其中集体的目标要高于个人的目标。集体主义主张，群体义务比个人权利更重要，集体需要比个人需要更迫切。我们通常将集体主义文化认定为一种高语境文化，这是因为集体主义文化中意义的传递很少是通过人们的言语表达进行的，而是主要借助语境来进行。世界上典型的集体主义文化国家有中国、韩国、日本等。

在看待面子和处理冲突的方式上，个体主义文化与集体主义文化存在着较大的不同。

在丁允珠看来，面子可以分为消极的面子和积极的面子两类。

消极的面子是指保持独立自主、不被约束的状态，表现为“挽回面子”和“留面子”。“挽回面子”指的是追求个体的自由和空间，独立自治，免受他人侵害；“留面子”则是对他人的自由和空间的尊重。这两种表现方式被定性为消极或者被动的，是因为其主要目的都是维护个体最起码的尊严，无法控制自己和他人的行为。

积极的面子是指人们希望能够被对自己而言非常重要的人喜欢和崇拜；积极的面子表现为“要面子”和“给面子”。“要面子”具有较强的合理性，指的是人们需要得到群体的接纳、保护和包容，它对人们的生活有着很高的价值；而“给面子”指的是群体对个体渴望被包容、被接纳、被承认的需求的支持和满足。

个体主义所追求的是消极的面子，而集体主义所追求的是积极的面子。从心理动因的角度分析，消极的面子所谋求的是个体自治，而积极的面子谋求的则是群体包容。

不同的文化背景下，人们保全面子的方式并不相同，所以采取的处理冲突的方式也不相同。其中，以个体价值为导向的低语境文化所追求的是消极的面子，所以一般采取整合的、解决问题式的策略来处理冲突，或者通过竞争的方式来使自己获得权威地位；以群体价值为导向的高语境文化所追求的是积极的面子，所以一般采取亲切随和、协商交流的方式来解决冲突，即不断地“给面子”来满足人们“要面子”的需求，以此来化解冲突。个体主义文化的成员更侧重于采取独立的策略来解决冲突，并更重视冲突的结果；而集体主义文化的成员则更侧重处理冲突的关系和过程。

2. 权力距离与面子工作

权力距离是指在一个国家中的机构和组织内部，权力较小的成员对于权力分配不平等这一现象的期待和接受程度。权力距离较小的成员大都相信个体之间是相对平等的关系，所以他们会采取各种方法来尽可能地缩短或者消除存在的地位差距，使权力能够平均分配；而权力距离较大的成员则非常重视不同个体之间存在的地位差异，并对不平衡的权力分配情况有着较高的接受度。

权力距离较小的成员更注重对个人权利的要求和维护，而权力距离较大的成员则更倾向于承担一定的义务。权力距离较小的成员注重通过信息交流的方式尽力缩小尊敬、顺从的距离，而权力距离较大的成员则更偏好垂直型上对下（下对上）的面子交流。权力距离较小的文化中，地位高的成员更倾向于在口头上使用更直接的面子策略，而权力距离较大的文化中，地位高的成员则更倾向于在口头上使用间接的面子策略。

3. 不同文化间的冲突管理

丁允珠认为，冲突往往产生于不同文化背景的人们进行交际的过程中，而这些人会采取不同的处理风格来解决冲突。面子—协商理论格外重视文化对冲突管理造成的影响。

实际上，个体主义—集体主义文化和权力距离这两个文化维度会对人们选择哪种冲突处理风格造成影响。我们可以将冲突处理风格大概划分为以下几种：逃避冲突、迎合冲突、妥协冲突、控制冲突以及整合冲突。自我面子与控制策略面子工作行为密切相关；他人面子与整合策略、逃避策略、妥协策略和迎合策略等面子工作行为密切相关；而相互面子则与整合策略面子工作行为密切相关。

采取逃避的冲突处理风格的人会在交际过程中避免与他人产生分歧以及不愉快的交际氛围；采取迎合的冲突处理风格的人在交际过程中会消极地对他人的需求进行适应和满足，并且往往会同意他人的建议；采取妥协的冲突处理风格的人在交际过程中会努力找到能够在一定程度上满足双方需求的解决方式，通过与对方进行交换来实现双方的妥协；采取控制的冲突处理风格的人会通过运用知识、使用权利、发挥自身影响力等方式来使他人接受自己的观点或者按自己的思路做出某种决策；采取整合的冲突处理风格的人会积极寻找解决冲突中的问题，高度重视自己和他人的需求，这与妥协的冲突处理风格存在着明显的不同。

在丁允珠看来，人们的面子行为和处理冲突的风格是在个体文化群体的社会化过程中习得的。个体主义—集体主义文化和权力距离这两个文化维度可以用来进行文化差异的辨别。她对不同国家实施的调查进行了研究，发现个体主义文化的成员通常为了保护个人利益，大多数会采取自我导向的面子维护策略来处理冲突，如控制策略；而群体主义文化的成员为了维护集体关系的和谐，大多数会采取他人导向的面子维护策略来处理冲突。在一些权利差距较大的地区，人们会根据交际对象的地位高低来决定采取哪种面子工作行为；而在权利差距较小的地区，人们很少会因为交际对象的地位更高而采取不同的面子工作行为，而是更倾向于选取较为公平的方式来处理自己与不同地位的交际对象之间的关系。

（三）面子—协商理论的批评与总结

面子—协商理论能够在很大程度上推动跨文化交际研究的发展。国际上越来越多的学者开始关注这个理论，而日本和美国等国的学者在这个理论基础上开展了新的调查研究并取得了一定的发展。此外，因为丁允珠将这一理论及其相关的概念进行了完善，所以该理论具有非常明确的范围和边界，对其他学者的研究具有很强的启发性。

然而，面子—协商理论也有一定的不足之处。例如，面子—协商理论重点研究了个体主义文化和集体主义文化中与面子工作和冲突处理相关的内容，但是这个理论并不能完全解释其中的文化差异的内容。

总而言之，面子—协商理论能够更好地帮助人们理解跨文化交际，并且能帮助人们思考如何消除跨文化交际障碍的方法。

四、交际适应理论

当人们进行交谈时常常会对对方的言语方式和行为习惯进行模仿。通常来说，我们倾向于选择那些与我们语言、动作和语速相同或相似的人进行交谈。当然，其他人在选择交际对象时也会产生这种倾向。例如，当一个大学生正在与一个没有上过大学的人交谈时，他会尽量避免那些只会出现在大学生活中的特殊词汇，如大学的图书馆以及大学自助餐厅中的食物等。

虽然人们在以往的人际交往过程中积累了一定的相关经验，但是有时仍然可以在群体或文化层面发现类似的差异，如老龄群体或者其他民族群体等，而不同的群体在说话的语速方面也会存在差异。人们会在不同的人际关系、群体以及文化中对自己的交际方式进行调整，以此来适应交际对象的交际习惯，而这种调整就是交际适应理论中最重要的内容。

交际适应理论最早是由霍华德·贾尔斯（Howard Giles）提出的，之前也有人称之为言语适应理论，但是其内容后来经过了扩展，将非语言行为也纳入其中。该理论的前提是，人们在交际过程中会调整自己的说话方式、发音方式以及交谈姿势来适应交谈对象的状态。贾尔斯认为，人们在交际中主动适应他人的原因有很多种，例如，一些人适应他人是为了获得赞同；一些人适应他人是为了提高交谈的效率；还有一些人适应他人是为了维持自己的社会身份。但是人们对自己的交际行为进行调整以适应对方并非总能达成预期的目标。

（一）交际适应理论的内容

贾尔斯是在 1973 年提出的交际适应理论，当时他还首先提出了“口音变动”模式，研究了面试环境下不同口音的变化特点。此后贾尔斯通过大量的研究发现交际适应现象普遍存在于不同文化群体的谈话过程中，如老人群体和视力障碍群体等。因此，我们要始终将这个理论放于多文化背景下进行讨论。言语适应理论是交际适应理论的雏形，该理论提出，个体在交际过程中往往会采取各种语言策略来博取交谈对象的赞同或者彰显自己的个性，而采取哪些策略是由个体的交谈动机（趋同或趋异）来决定的，以此来缩小或者增大彼此之间的交际距离。

在 1987 年，贾尔斯等人将言语适应理论的适用范围进行了拓展，并将拓展后的言语适应理论更名为交际适应理论。1988 年，贾尔斯等人开始运用交际适应理论来研究不同辈分群体之间的交际活动，并对该理论进行了进一步的补充和修订，例如，在侧重 / 聚焦对方的基础上将交谈中说话者采取的策略概念化、在理论中加入倾听者对于说话者行为的理解等内容。此后，贾尔斯等人在研究跨文化交际时也应用了该模式，并在其中加入了一些对民族语言身份理论的推测，同时更加注意环境因素的影响效果。

贾尔斯等人提出的新版交际适应理论中包含了十七个原则，其中一些原则还可以再次进行细分，具体如图 2-3-1 所示。

从图解中我们能够看出，交际适应理论的研究是从交际活动的“社会历史境况”开始的，这部分的原则主要涉及相互接触的群体之间的关系和社会规范的内容，这是因为在该理论中跨文化交际被划分到了跨群体交际的类别中。而该理论在 1995 年的版本中还将文化差异性理论纳入了其中。

交际适应理论第二部分的内容探讨的是交际双方的适应倾向，也就是说，交际者对如何看待自己所交往的外群体的倾向，是将其作为人际交往、群体交往还是人际交往与群体交往的结合。影响交际倾向的因素主要有三个：第一，内心因素；第二，跨群体因素；第三，开始的取向。其中，内心因素有社会角色和个人身份等；跨群体因素是能够将交际者对外群体倾向反映出来的因素，如可察觉的内群体的活力；而开始的取向则是指交际者能够在交际中发现潜在冲突并带着决心去适应其他群体。群体之间的关系会对交际者的倾向选择产生影响，所以，如果主流群体的成员认为自己的社会身份不够稳固，同时还受到外来群体的威胁时，会采取消极的态度来看待非主流群体对本群体产生的辐合效果，而那些依赖群体并与群体团结一致的成员在看待交往时往往会采取群体的视角，同时非常重视本群体的语言标识。

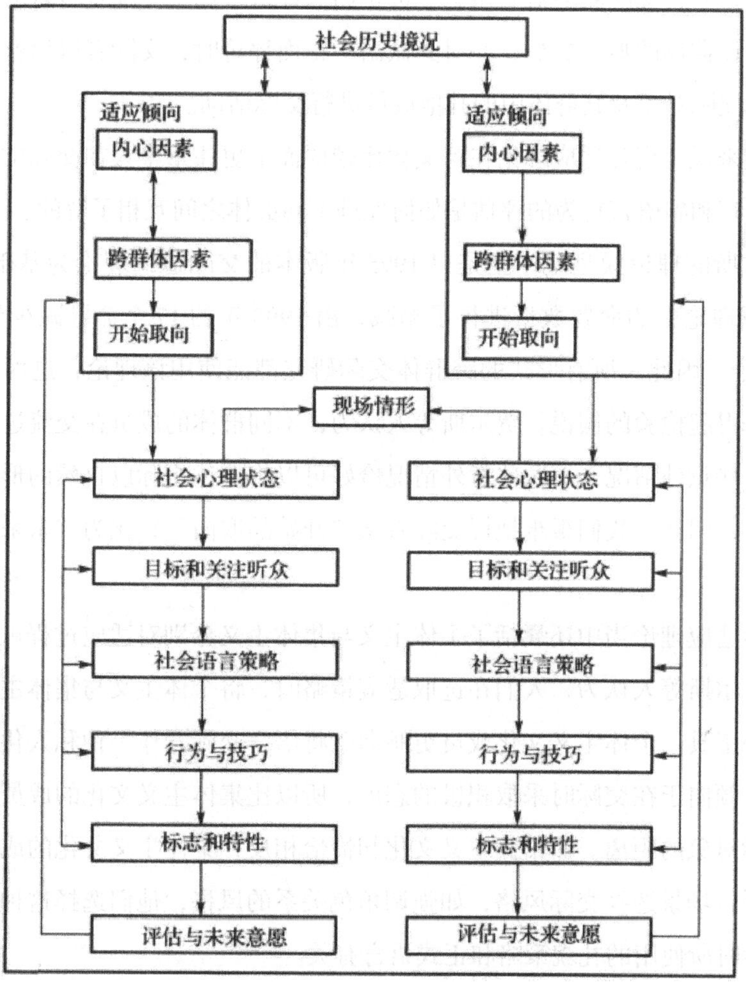

图 2-3-1　交际适应理论图解

交际适应理论第三部分的内容探讨的是交际的现场情形，这部分又包括四个互相关联的部分：社会心理状态、目标和关注听众、社会语言策略、行为与技巧。其中，社会心理状态部分指交际者在交际时具有的人际交往或者群体交际的内在倾向；目标和关注听众部分指交际者的交际动机、交际需求等；社会语言策略部分包括近似语策略、语篇控制策略等；行为与技巧部分包括交际者在交际时候使用的语言、口音以及选取的话题等。

交际适应理论最后一部分的内容是评价与未来意愿，探究的中心是交际者在交际过程中对交际对象的行为的感受。例如，交际对象的附和行为在交际者看来是善意的，并且交际者会对其做出积极正面的评价。如果交际者将自己所交际的对象视为该群体的典型成员，并对其做出了正面评价时，交际者以后就会有更强的意愿与交际对象及其群体中的其他成员进行交际活动。

总的来说，交际适应理论在跨文化比较层面上更注重个人在交际中使用的语言、非语言和副语言行为的评估是如何促进不同群体之间互相了解的。

贾尔斯的理论模型基本上是以 1995 年版本的交际适应理论为基础建立的，不过将该理论中的命题数量进行了删减，由 1995 年的 17 个命题减少到了 2005 年的 11 个。因此，所有形式的跨群体交际研究都能使用该理论，进而能够开发出更多经得起检验的假说。贾尔斯等人认为，不同群体的成员在交流过程中可能会出现一些意外情况，而这些意外情况恰好可以将群体交际以自然的形式转化为人际交往，因此，我们很难把握交际者从“开始的取向”转化为“未来意愿”的过程。

交际适应理论当中还囊括了个体主义与集体主义分别对适应过程可能造成的影响。贾尔斯等人认为，人们在选取适应策略时，将个体主义与集体主义分别认定为一种工具。个体主义文化成员更倾向于将语言交际看作一种私人化的交际行为，并且倾向于在交际时采取积极的态度，所以比集体主义文化的成员更容易拉近与交际对象的距离。而集体主义文化却恰恰相反，集体主义文化的成员更倾向于根据语言场景选择交际风格，如强调角色关系的风格，他们选择这种风格与他们在交际时所使用的礼貌策略和正式语言有关。

贾尔斯等人认为，集体主义文化有着鲜明的群体界限，但是内部缺乏弹性，所以集体主义文化的成员更倾向于选择消极的态度来对待外来群体的人。此外，集体主义文化的成员会将外来群体成员的融入看作触及群体界限的行为，此时内部的成员往往会产生更多、更大的分歧。

（二）交际适应理论的假设

交际适应理论主要有四条基本假设，具体如下：

第一，所有谈话过程中谈话者的言语和行为都存在一定的相似性及差异性。交际适应理论中很多原理都是建立在这个假设上的。人们在过去的交际经历中会积累交际经验，此后又会将积累的经验运用到谈话时使用的言语和行为中。这些交际经验和交际感受会决定一个人在交际时是否愿意去适应他人，同时，如果交际对象与个体有着相似的态度和信仰，那么个体就会更容易被对方吸引，因而也会更愿意去适应对方。

第二，我们对谈话的评价是由自身对他人言语和行为的感知决定的。这个假设来源于交际中的感知与评价环节。感知是个体对信息的关注以及进行解释的环节，而评价则是对交谈的过程和结果进行判断的环节。在交谈中，个体首先会对发生的一切进行感知，例如，对方的身份、态度以及表达能力等，然后再决定采取何种行为与对方交谈。在感知与评价过程中，动机起到了关键的作用。在交谈中，个体会对交谈对方的言语和行为进行感知，但并不总会对其进行评价。例如，当我们遇到熟悉的人会互相打招呼进行问候，此后会继续向前走，往往不会花费时间对偶遇的交际对象进行评估。然而，个体也会在感知到交际对象的言语和行为时作出评价，例如，当我们和熟人偶遇互相打招呼进行问候后，对方告知我们某位我们都熟悉的人最近忽然去世的消息后，我们会产生非常惊讶的感受，根据贾尔斯等人的观点，在此时我们会不自觉地对其进行评估，同时调整自己的交际方式和交际风格。

第三，交谈中的语言和行为会透露个体的社会地位以及归属群体的相关信息。也就是说，这个假设涉及语言和行为对交际者产生的效果。在交谈过程中，交际者所使用的语言和行为能够传达出与其社会地位和所属群体有关的信息。此外，贾尔斯和约翰·威曼还对两个语言不同的交际者的交际过程进行了讨论。在双语情境下，当一个人口更多的民族和另一个人口较少的民族相处时，往往会采用人口更多民族的语言进行交谈。也就是说，一般情况下总是由被统治群体来适应占统治地位的群体的语言习惯。实际上，在跨文化过程中，交际者所采取的语言行为总是倾向于与社会地位较高的一方所采取的语言行为保持一致。

第四，交际过程中的得体程度以及适应规则的变化会导致出现不同的适应结果。该假设探究的是与规范和社会得体性相关的问题。在交际过程中，适应的结果与交际行为是否得体以及规范是否改变等问题有着密切的关系。同时，我们要了解，适应并不总能给交际者带来价值或者收益。虽然适应在交际中有着重要的作用，但并非所有的适应都能产生效果。此外，贾尔斯认为规范在交际中也存在着一定的作用。规范指的是个体对是否采取某种交际行为的看法，而这种看法往往会受到交际对象的背景的影响。加洛伊斯和卡伦仔细研究了规范和适应的关系，并对其做出了清晰的论述：规范能够决定交际者在互动过程中对适应方式的选择，同时对交际者的适应程度进行限制。

以上四个假设是我们对交际适应理论进行研究的重要依据，下面我们将对该理论的实际应用（即人们在谈话过程中的适应方式）展开研究。

（三）交际适应理论的应用

交际适应理论认为，人们在交谈过程中能够在语言方式、交际行为等方面进行多种选择。在交际中，双方可以选择相同或者相似的语言系统或者非语言系统，也可以划清交际的界限，或者采取各种过度的行为来努力适应对方。以上三种行为被分别称为会聚、背离和过度适应。

1. 会聚

会聚是交际适应理论有关的第一个有关过程。贾尔斯等人把会聚定义为“个体适应彼此交际行为的策略”。人们在交际过程中可以主动选择是否采取会聚这种策略。如果交际者选择了会聚的策略，就会感知对方的言语和行为，并以此为基础来调整自己的交际行为。

选择会聚策略的个体除了会对交际对象的交际方式进行感知以外，还会受到交际对象与自身的吸引情况的影响。一般情况下，当交际双方互相吸引时，他们会在交际过程中选择会聚的策略。此处的吸引指的是广义上的吸引，如对方的个人魅力、可信度等。在贾尔斯和史密斯看来，吸引会受到多方因素的影响，例如，交际对象的交际能力、交际双方的地位差异等。会聚往往发生在具有相似的信仰、人格或行为方式的人们当中。但值得注意的是，交际双方可能在最开始进行交际时无法立刻发现彼此的相似之处，但可以在相处一段时间后感受到交际对象对自己的吸引力，以此来意识到双方的相似之处。在会聚过程中，交际者之间的关系史是非常关键的问题。

通常情况下，会聚是一种较为积极的适应策略，因为它的发生说明交谈中一方是与另一方相似或者一方对另一方存在吸引力的。但是，会聚也可能只是出于个体对交际对象进行的刻板印象式的感知，这代表着交际者是出于对交际对象的刻板印象而与对方进行的会聚，而非真正因为交际对象与自己相似或者对自己具有吸引力。

2. 背离

适应存在多种可能的形式，如双向适应、单向适应以及没有适应等等。贾尔斯将交谈者对于自身和对方存在的语言和非语言的差异进行强调的行为称为背离。背离与会聚存在着非常大的区别，因为背离过程中的交际双方不会产生联系。交际双方并不想采取相似的语速、姿势或者态度来与对方进行交谈，所以我们可以认为背离就是指交际双方不想表现出与交际对象存在相似之处。换句话说，就是交际双方在交谈时并不在意交际对象是否与自己适应。人们对适应的研究较多，对背离的研究较少，所以对于背离，我们目前只有一些对其功能的论断。

3. 过度适应

过度适应指的是交际者在交谈时过于考虑对方的言语和行为，导致做出的适应行为有些过度。过度适应中，交际者的出发点是好的，但是对对方过分迁就，反而容易给对方留下高高在上、施惠于人的印象。

过度适应可以细分为三类，分别是敏感的过度适应、依附的过度适应和群体间的过度适应。

敏感的过度适应是指交际者认为交际对象存在某些不足时所采取的过度适应行为。此处的不足是指交际对象在语言或者生理上存在的缺陷之处。换句话说，就是交际者会格外注意交际对象存在的语言障碍或身体障碍，对其过于敏感，反而在适应过程中将其过分地表现出来。

依附的过度适应是指交际者将自己的交际对象放在较低位置上，而使对方仿佛对自己产生依附的情况下所采取的过度适应行为。这种情况下交际者往往会认为自己拥有交谈的控制权，以此来显示自己较高的社会地位。

群体间的过度适应是指交际者将交际对象归属到某个群体中，而非将其作为独立的个体看待的情况下所采取的过度适应行为。造成这种行为的核心原因是交际者对交际对象存在刻板印象。虽然个体都具有民族身份，但是交际过程中交际者应当重视其个体的身份。

五、跨文化调适理论

早期，人类学家和社会学家采用了各种方式来研究文化调适，并且都是进行的集体研究。这些专家和学者往往是对一个较原始的文化群体进行研究，该群体在与发达的文化群体接触后，其习俗、传统和价值观等文化特征发生了改变。在文化调试领域中，心理学家在近几十年中做出了巨大贡献。心理学家通常更加注重个体层次，强调各种心理过程会受到文化适应的影响。文化适应的过程中会涉及两种互相接触的文化，并对两者产生不同程度的影响。文化适应对于主流文化中的群体造成的影响较小，而对文化环境中的新来者就会产生较大的影响，甚至影响到这一群体生活的方方面面。已有的文化适应研究与上面介绍的内容相对应，主要是探究文化适应会对文化环境中的新来者造成的影响。

在最近二十年内，金荣渊（Young Yun Kim）着力于对交际与文化调适理论的研究。她最早调查了芝加哥地区的韩国移民在进行文化适应过程中存在的因果关系，并提出了相关的理论。在此之后，她以开放、系统的角度对理论不断进行了改进，在理论中增添了与移民“压力—调适—成长”过程相关的内容，并开始关注移民在跨文化过程中发生的转变。现阶段，金荣渊尝试在她的理论中将“实现跨文化适应”描述为是“陌生人与接受陌生人的环境双方共同努力的结果”。

（一）跨文化调适理论的内容

金荣渊的理论对开放系统论提出了若干假设、规律以及命题。她的理论包括十条规律，其中，前五条规律是对跨文化适应理论的广义原则进行阐述，包括：吸收及适应主流文化与反吸收及适应主流文化都是跨文化适应过程；“压力—调适—成长”的动态过程是适应过程的内在动力；跨文化转变是“压力—调适—成长”动态过程的功能；随着陌生人逐渐完成跨文化转变，“压力—调适—成长”动态过程的难度不断降低；跨文化转变给陌生人带来心理上的健康。而后五条规律对人们在跨文化过程中发生的转变以及相关概念之间的关系进行了论述，这些概念包括跨文化转变和居住地人的交际的能力、居住地人的交际活动，种族文化进行的交际活动、环境情况以及陌生人的个人素质。

金荣渊在对跨文化调试过程进行阐述时提出了自己的观点。她认为，人不是生来就了解处理各种事情的办法的，而是在特定的社会环境和社会文化中逐步学会的这些方法。换句话说，就是社会环境和社会文化中各种信息、各种具有可操作性的语言习惯和非言语的习惯使人们逐渐产生了一种与群体一致的、连贯的生活方式。其中每一种社会文化都在人们的成长过程中承担着组织、整合以及保持人们的家乡世界的任务。人们在不断接触周围文化环境的过程中不断改变着自身的内在体系，开始慢慢地接受各种观念、态度和行为。人们日益习惯和与自己的观念、态度和行为相似的人生活在一起。

人们了解一种新文化的过程与最初认识自己的文化的过程是相同的，只是人们需要在了解新文化的过程中接受各种文化差异的存在。人们需要意识并努力思考一些自己原本并不在意的事情，这是因为人的神经系统往往不会注意到自己熟悉的事物，而当其发生改变后，相关掌控行为和意识的神经才会对其产生意识。所以，当人们进入一种新的文化环境时才会发现自己并不完全了解新文化的交际系统，需要对新的文化符号和行为方式进行学习和认知。这时，人们可能会延缓或者暂时放弃自己原有的文化身份，导致内在冲突的产生，这就使他们开始学习新的文化体系，以此来适应新的文化环境。从理论上来看，跨文化调试的最终结果是实现文化同化。不过对于大多数移民而言，他们终身都需要为了实现文化同化的目标而努力，而这个目标通常情况下需要几代人才能完成。

人们在对自己的行为进行调整时，往往会伴随着心理压力的产生，这体现了个体在新的文化环境中的身份冲突：一方面，个体习惯了原来的文化身份，想一直保持；另一方面，个体又必须调整自己的行为来适应新的环境。这种不适和压力会驱使个体做出改变、克服困境，同时选择合适的调试行为来培养新的行为习惯。当个体能够面对挑战并作出积极的回应时，调适的行为就成为可能。当个体感受到的压力和采取的调试行为达到平衡状态时，个体就会得到成长。“压力—调适—成长”的过程并不容易，因为它并不是按照平稳、线性发展的规律进行的，而是充满了辩证性、循环性和迂回性。只要人们进入新的环境，就会发生“压力—调适—成长”的过程，并使个体更能适应环境、整体上更加成熟。在最初对新文化进行适应的阶段中，个体的生活中可能会出现巨大的或者突然的改变，引起个体内心对压力和适应的巨大波动，而这种波动会随着时间的推移逐渐变得缓和，直至融合到我们的内在状况中。

金荣渊在对跨文化结构进行阐述时首先对交际的重要性进行了强调。她认为，调试的成功指的是新来者的个人交际模式与当地人的交际模式发生了重叠。在新的社会环境中，个体的交际能力往往会受到以往的交际经历的影响，而个体可以在与当地人的文化交际过程中学习新的社会文化。通过与当地人进行人际交流，新来者能够对当地人的言行举止进行观察，并从中获取更多的有效信息。大多数人在进入新的社会环境时都需要与他人进行交流并建立起新的人际关系，否则他们无法建立起足够的支持系统来抵抗内心的不确定感和压力。人们如果想要加入某个团体，就会本能地参与新的交际活动。

此外，金荣渊还认为，跨文化调试的阶段会受到不同个体的个人情况的影响。个体对进入新环境做了充足的准备，那么就能更好地进行文化调试。对于新环境的准备包括心理、情绪、动机以及对新文化的语言和文化的理解等方面的内容。一些因素会对个体的准备程度造成影响，如他们在进入新文化环境前是否进行正式或非正式的学习活动，包括学校教育和培训、媒体资料、语言文化知识以及先前的文化调试经历等。在进入新文化环境时，不同的个体具有不同的个性特征，而这些个性特征会在个体遇到新环境的挑战时决定他们能否将新的经历体验成功地进行内在化。

金荣渊将个体的个性特征分为坦率性、力量性和积极性三类。其中，坦率性能够使个体降低对新文化环境的抗拒感，同时对于加入新环境产生更强的意愿，使个体采取不僵硬、不偏激的态度来面对新文化环境中存在的不同情况。力量性能够使个体采取宽容、自信的态度来应对新文化环境中的挑战。而积极性则反映了个体基本的人生观以及在面对挑战或困难时的自信程度，同时，保持积极性还能帮助个体更快地了解和学习新环境中人们的思维方式、情感表达方式以及行为习惯。以上三种个性特征在个体进行文化调试过程中发挥着巨大的作用。当个体在对自己的内在进行改变时，其原本的认知习惯、情感表达方式以及行为习惯都会发生相应的改变，新培养的文化习惯将取代原本的文化习惯，使个体能够熟练自如地应对新的文化环境，从而实现自己新的社会需求。

（二）跨文化调适理论的前提假设

跨文化调适理论的前提假设主要有四种。

（1）调适并非人为现象，而是自然出现的。作为一种本能，调适能够让人们在陌生的文化环境中自然地维持平衡，从而更好地适应环境，是一种常见的环境适应过程。

从“泛人类”的角度来理解，跨文化调适理论就是指人类处于环境威胁状态中时，能够以内部斗争实现调节自我和控制生命。

（2）跨文化调适并非具象的个体，而是个人适应新环境的全过程，不是对某个具体变量进行分析，而应当通过个体与新环境的互动过程进行理解。

（3）跨文化调适需要载体，只能发生在交际活动中，在孤立的个体身上是无法存在的。当个体和陌生环境之间没有互动，而是彼此绝对隔离时，跨文化调适就不存在。

（4）当处于跨文化环境状态中时，人类会自然而然地通过交际的方式去自我调适和适应新环境。因此，相比能否进行调试，作者更加关注的是个体在陌生环境中如何进行调适，以及为什么调适。

（三）跨文化调适理论的应用

根据金荣渊研究，概括普遍系统理论，人作为一种交际系统，是开放的、动态的，普遍会与文化环境进行信息交换，并且两者之间彼此影响。当人与社会文化环境进行信息交换时，会尽力维持自身内在意义结构的稳定性。这种稳定性一旦失去，人就会感受到强烈的不平衡和压力。此时，人会发挥主观能动性，恢复内部结构秩序，保持其平衡与稳定。就是在这种“压力—调适—成长”的动态过程中，人们才逐渐融入新环境。也是在这一过程中，文化与个人内在的条件相结合，逐渐形成了个人的文化个性。本土文化在个人身上留下了深刻的文化印记，形成了内在文化模式，当人们旅居他国，在新文化环境中进行交际活动时，新旧文化模式相互冲突又相互影响，最后本土形成的内在文化模式会出现改变，人的文化个性也会随之变化。当这种适应行为不断出现，人们自然能更好地掌握所处环境的语言能力和非言语行为能力，同时也会具备更强的认识辨别与趋和能力，在情感上与所处文化环境更为趋同。但是人们对新环境的适应活动并不一定成功，而是与旅居社会和个人背景有一定关系。旅居社会对异乡人的接受能力以及迫使他们遵循该文化及交际模式的压力会对他们的适应活动产生影响，这可能会促使他们在旅居国进行交际，也可能造成阻碍。人们原本的文化背景、种族背景、个性以及准备程度也会对他们的适应活动产生影响。评价一个人的综合跨文化调适能力主要从功能适应性、心理健康程度及跨文化个性等方面出发，而这三个方面都会体现在他们在新文化环境的适应活动当中。

金荣渊的跨文化调适理论能够对实践活动提供指导。首先，该理论为外语教学提供了新的思路。外语学习强调实用性，语言只是社交的工具。但是，传统的外语教学存在着重语言而轻文化的现象，脱离文化背景进行单词、语法的教学，这就导致外语学生在与来自同文化的人进行交流时，难以理解对方语言中的深意，甚至出现鸡同鸭讲的局面。金荣渊的理论让外语教学意识到了传统教学法的不足，开始探索跨文化导向教学法。该教学法的目的在于培养学生的跨文化交际能力，让学生有能力处理有关外语和外国文化的任务。除此之外，金荣渊还提出了文化休克的问题，即人们在跨文化环境下必然会遭受的一种文化冲击。她表示当地人的态度，尤其是当地人的文化定式和偏见，影响着人们能否适应跨文化环境；人们在跨文化环境下能否在较短的时间内适宜地进行交际活动体现出了他们适应能力的强弱；人们适应跨文化环境并不代表最终会彻底同化，而是会形成跨文化个性。所有这些都为将要旅居和在新环境中生活的人在思想上、心理上、情感上、认识上、行为上提供了一些必要的准备。

第四节　跨文化交际学的相关知识

现代化交通和通信技术的发展拉近了世界的距离，让不同国家、区域的人们能够更加自由便捷地交流，也让外语学习变得更加重要。英语在世界上占据主导地位，成为诸多重要国际场合的官方语言。同时，人们在交际中发现语言并不能解决所有问题，而是需要文化的参与。在跨文化背景交际中，由于文化差异，经常会出现冲突和矛盾，跨文化交际学就是对此进行研究。

一、跨文化交际学的诞生

跨文化交际学（Intercultural Communication）是一门新兴学科。学科研究历史短，在 30 多年前，跨文化交际学才作为一门学科诞生；但同时它也是一种由来已久的社会现象，伴随着人类历史，从原始部落时期一直发展到今天。跨文化交际学的诞生有三个标志：一是 1959 年第一部跨文化交际学著作——爱德华·霍尔的《无声的语言》问世；二是 1970 年国际传播学会正式成立了跨文化交际学分会；三是 1974 年《国际与跨文化交际学年刊》创刊。跨文化交际学的发展并非孤立的，而是深受其他学科的影响，人类学、社会学、传播学、语言学、文化学等相邻学科的研究为跨文化交际学研究提供了助力。

跨文化交际学发源并发展于美国，这是一种必然。美国作为移民国家，国民多来自其他文化环境，国内民族、种族数量多，文化多元性强，必然会存在诸多文化差异和文化冲突问题。美国与各国联系密切，经济往来和文化往来频繁，每天都有众多不同文化背景的人汇集于此进行交际。

此外，美国每年都有数十万外国人来此学习和生活，更加剧了文化差异和文化冲突问题。美国本身具有较为深厚的文化人类学研究基础，又有文化差异问题解决需求，跨文化交际学应运而生。

美国跨文化交际学研究的兴盛与其跨文化交际方面的失误有关。对此，美国学者总结出两大原因：首先，他们的异文化意识不强，很难对不同的价值观或行为准则的存在产生理解和认同，难以合理解决跨文化交际中的矛盾问题；其次，其本身的文化中心观念使得他们排外意识强烈，无法接受其他的文化、价值观念或者行为准则。然而，随着全球化进程的推进，美国不断开拓海外市场，在商贸合作与往来中必然会存在文化差异问题，解决文化差异问题十分必要。此外，大量的留学生和移民的到来，使得本就是多民族的美国文化更加多元化和复杂化。为了和平相处和维持社会秩序，必须解决跨文化交际中的问题。

跨文化交际学是社会开放背景下，研究如何解决跨文化交际中产生的文化冲突问题的产物。在学科形成之初，语言学、人类学、社会学及心理学都从不同的视角对跨文化交际冲突进行分析并对避免文化休克进行研究，这些研究成果为跨文化交际学理论基础的形成提供了支撑。可见，跨文化交际学是一门综合性学科，它结合相邻学科关于文化休克的理论，阐明跨文化交际失误的根源并提出了解决途径。跨文化交际学对交际所需进行研究，涉及语言交际、非语言交际、交际手段、思维模式、价值观念、认识行为等，不同文化背景的人正是由于这些方面的差异，才会难以顺畅沟通，出现交际失误。因此，加深对跨文化理论的理解，在文化差异中探寻原因，再学习跨文化交际技能，才能够避免交际失败。

二、跨文化交际学的研究方法和研究内容

跨文化交际学作为边缘学科，与多个学科联系密切，其中受到文化人类学、社会心理学、社会语言学和传播学的影响最为深厚。这些学科都对跨文化交际有所研究，但是都有各自的研究角度和方法。文化人类学者通过实地调查的手段，大量收集和分析资料，细致地叙述各类文化模式，并作出解释。文化人类学者具

有细致的观察力，材料趣味性强。社会心理学者从心理学的角度出发，通过试验获取数据，对试验对象的文化心理、价值取向进行定量分析和准确表述。传播学者主要使用传播学的研究方法，探究文化差异在传播中的影响。社会语言学家看似在跨文化交际学界没有突出影响，但海默斯和沃尔夫森分别对于交际能力和赞语的研究不容忽视。

跨文化交际学是独立的交叉学科，对文化与交际都有研究，涉及两者各自的定义与特点以及两者的关系，而研究的重点则在于影响交际的文化因素。波特把影响交际的因素分为八种，分别是：态度、社会组织、思维模式、角色规定、语言、空间的使用与组织、时间观念、非语言表达。而后，他与萨莫瓦尔将此合并为三个方面：

（1）观察事物过程，其中包括信念、价值观念、态度、世界观及社会组织。

（2）语言过程，其中包括语言及思维模式。

（3）非语言过程，其中包括非语言行为、时间观念和空间的使用，使之更具有概括性。如，许多享誉全球的国外名企，具有很强的品牌号召力，仍十分看重广告的作用。这些企业认为，做好产品宣传，能够打响知名度，引来更多的顾客购买产品，从而获得更高的收益。然而国内企业却恰好相反，这些企业相信，酒香不怕巷子深，产品好自然会吸引顾客购买，不需要做广告，没人买的产品才需要广告宣传。我国举办的第 11 届亚运会上，指定产品中较有名气的多属国外，国内只有少数几个知名企业参与。从中就可以看出国内外企业家在广告宣传策略上的差异以及对广告价值认知上的差异。

三、我国跨文化交际学研究的现状

（一）跨文化交际学的引入

国内跨文化交际学的研究要追溯到改革开放初期，其起步标志是 1980 年许国璋创作并发表于《现代外语》第 4 期的文章“Culturally-loaded Words and

English Language Teaching”(《文化负载词与英语教学》)。而后，何道宽和胡文仲两人分别于1983年和1985年发表了《介绍一门新兴学科——跨文化的交际》《不同文化之间的交际与外语教学》。何道宽和胡文仲对跨文化交际学的基本内容、理论及研究成果展开研究。此阶段，国内对于跨文化交际学的研究主要集中于外语教学中的跨文化差异以及语言与文化的关系，集中论述的是文化与交际的关系、跨文化交际与外语教学、跨文化语用学、非言语交际等，如胡文仲主编的《文化与交际》和王福祥、吴汉樱编写的《文化与语言》等。

（二）中国跨文化交际学研究的特点与方法

近期，中国跨文化交际学的研究重点在于跨文化语义、语篇、语用研究、跨文化交际能力研究和跨文化非言语交际研究几大方面。其研究特征主要有四点：

（1）研究学者身份主要是教师、语言学家和心理学家，其中教师大多进行外语教学和对外汉语教学，研究学者中人数最多的是外语教师。这些研究学者来自不同学科领域，研究视角存在差异，各自孤立没有合作。

（2）继承与创新并存，共时研究与历时研究兼具。大部分共时研究学者不仅对同一时期的不同地域、不同方面的跨文化交际进行研究，还融入了该时期的人类学、语义学等相关学科的内容，促进了跨文化交际学的丰富和发展。

（3）宏观研究和微观研究并存，亦有部分学者在汉语的基础上对跨文化交际学的应用性做出了探讨。

（4）更加看重语言与非言语交际方面的研究，尤其是语言与文化研究，关于跨文化交际相关的思想观点、文化传统、价值观念等方面的研究比较少。

不过，纵观四十多年的研究历程，我国跨文化研究依然集中于外语教学界，参与跨文化交际研究的学者主要是外语教师，需要传播学、心理学、社会学、文化人类学等学科背景的研究学者更多地加入。

跨文化交际学是边缘学科，具备学科交叉性，其研究方法和手段也更加多样化，研究模式兼容性强。从宏观上看，我国跨文化交际学者长于定性研究，研究成果“内省”色彩突出，少有以大量数据为基础的定性分析和实证研究。不过最近几年，我国跨文化交际学研究方法变化显著，许多中青年学者更加关注研究的内容和方法上的内在关系，关注两者之间的有机结合。这些学者经常采取定量分析的方法，以问卷、访谈等途径，进行数据的采集和量化，以统计学方法进行分析，探索和发现研究对象跨文化交际行为的规律和模式。

第三章　言语与非言语交际的跨文化现象

语言在生活中扮演着不可或缺的角色，没有语言人类社会将无法发展。与此同时，非言语交际也是交际中浓墨重彩的一部分，甚至在某些交际情境下具有比语言更加突出的优势。本章的主要内容就是介绍言语交际与非言语行为和跨文化交际的相关知识。

第一节　言语交际与跨文化现象

一、语言概述

多数文化分类都无法将语言排除在外，若要探究语言在交际当中的作用，就要对语言的内涵、功能和文化对语言的影响等问题作出分析，这正说明了文化教学在语言教学中的必要地位。

（一）语言的定义

在美国语言学家萨丕尔的理论中，语言是人类所特有的，非本能地使用自发创作的符号沟通思想、表达情感和愿望的交际手段。乔姆斯基的《句法结构》将语言定义为一组有限或无限句子的集合，其中每个句子长度有限，并由有限的成分构成。语言学家在语言定义的表述上存在差异，但都论及本质，并且多数认为语言是用于交际的符号系统。

（二）语言的特征

只有人类能够掌握语言，并将此用于交流，其他动物虽有诸如气味、舞蹈、声音等可以沟通的手段，但与语言有根本区别，无法与之相提并论。中国古代也有这样的观点，即“人之所以为人者，言也。人而不能言，何以为人”①。美国语言学家霍凯特探索出人类语言与动物沟通方式间的区别性特征。

1. 语言的任意性

语言具有任意性，语言符号是任意的，并不特指某个事物，也就是说词素的音与义并非特意设计的组合。索绪尔指出，能指和所指的联系具有任意性，语言符号是任意的，即事物和词语（声音）之间的联系是不必然的。这也是此后语言学家共同认可的语言特性。在任意语言中，音和义的关系少有可以解释的现象。

2. 语言结构二重性

语言结构二重性，指在语言研究中发现语言具有双重结构的特征。从高级结构层次看，语言可以切分为词和词素这样的音义结合体；从低级结构层次看，语言可以切分成没有意义的成分，然而它们组合在一起却可以具备意义，如“乒”和“乓”本身无意义，能组成有意义的“乒乓”，这样无意义的低级层次语音单位组成有意义的高级层次单位，就是结构二重性。

3. 语言的创造性

语言的创造性，指我们能够理解和创造新的句子，这些句子并非背诵习得，可能闻所未闻，但却符合语法规则。语言的创造性和能产性源于语言的二重性，也就是语言符号的任意性和相似性，所以人们能够将语言单位组建成无数句子。

4. 语言的不受时空限制性

语言的不受时空限制性，指语言表述的事物不受时空限制，可以发生在此时此地，也可以在其他时间地点，甚至不存在于现实。也就是说语言描述的对象可以在任意时间、任意地点，或真实或想象，或有形或无形，甚至可以是语言自身。

5. 语言的文化传递性

语言的文化传递性，指语言系统必须通过学习才能获得。只有具有相应的生

① （战国）孔子 . 春秋 [M]. 长春：吉林文史出版社，2017.

物基础才能够具备人类语言能力，但是这种能力并非基因传递。语言学习是文化现象而非生物现象。

语言学研究不断推进，语言学者在语言构成要素方面的研究取得了很多成果，但是关于语言是如何产生的还没有定理，语言学者对此提出了诸多假说。摹声说认为，语言起源于对外界声音的模仿。如英语的 bomb（炸弹）像炸弹爆炸时的声音，roll（滚动）像小石子滚动时“喽喽”的声音，即语言中的拟声词汇。感叹说认为，语言起源于原始人不同情感下的感叹声。感叹声逐渐演化成了原始语言，如英语中的 gosh、alas 等。劳动叫喊说认为，语言起源于人类劳动时发出的叫喊，叫喊声演化为劳动号子，又逐渐演化为原始语言。

但是，不管是哪种假说下所创造出的词汇，数量都不够充足，无法概括人类语言的复杂现象。“词根说”受到许多学者的认同，他们认为语言中的大部分词汇由语根构成，梵语有 1706 个语根，汉语有 450 个。语根就像砖石，组合堆砌成不同的建筑，这些语根变换组合构成无数词语形成语言。

（三）语言的功能

语言是人类沟通交流的用具，其主要功能就是交流。雅各布森在《语言学和诗学》一书中定义了言语行为的六个要素：说话者、受话者、语境、信息、语码、接触，并在此基础上构建了语言功能框架。

韩礼德的语言元功能理论，将语言元功能定义为概念功能、人际功能和语篇功能。概念功能构建经验模型和逻辑关系；人际功能反映社会关系；语篇功能反映了语言和语境的关系。关于语言功能的学说在内容上存在部分重复，胡壮麟将之总结为七种：

1. 信息功能

语言能够反映思维内容，其功能是对信息的记载、记录。韩礼德的概念功能也是如此，语言是为了表达内容，内容是客观世界与说话者的思维意识世界。

2. 人际功能

人际功能是语言的社会功能，人们用此来构建和保持人与人之间的关系以及社会身份。系统功能语法中的交际功能关注说话者与受话者之间的关系和语言表露的态度，也就是能够反映说话双方亲密性的语气和称呼等。

3. 施为功能

语言的施为功能，即行事功能，语言发出后将会影响到受话者的命运、社会地位等。例如：竞赛、法庭、谈判等情境下话语权所在人说出的施为性语言。

4. 情感功能

语言的情感功能是指能够表露说话者情绪、情感的表达，如表示高兴、遗憾等，也是指能够影响受话者情绪、情感的表达，如批评、赞誉等。

5. 娱乐性功能

根据语言的音、义、节奏等开展具有娱乐性的创作，如行酒令、顺口溜等，通过语言的精妙和美丽来游戏娱乐。

6. 元语言功能

以语言学理论进行语言研究，并且用语言记录和论述研究过程和成果，这就是元语言功能。

二、语音层面的跨文化差异

（一）音位与音节的差异

1. 英汉两种语言在音位上的差异

所有的语言都是由一套系统的声音构成，与一系列规则结合，从而达到表意和交流的目的。英语和汉语分属不同语系，差异明显。根据对语音系统的描述，属于印欧语系的英语，其基本单位是音位。英语是按照能区别词义的最小发音单位来决定音位数目并确定音位的。按照当代语音学家阿尔弗雷德·查尔斯·吉姆森的计算方法，他认为元音有 20 个，辅音有 24 个，共 44 个；如果把 tr、dr、sp 等也算为辅音音位，那么辅音就有 27 个，音位的总数为 47 个。就区别语义的功能来说，只要改变单词中的音位就能完全改变词义，比如 tie 与 die、light 与 night 等，是由于 /t/ 与 /d/、/v/ 与 /n/ 的区别导致词义完全不同，因此导致差异的 /t/、/d/、/v/、/n/ 就分属不同的音位。相对而言，属于汉藏语系的汉语就很难用音位进行划分。汉语中的每一个音节（通常普通话中一个汉字就是一个音节）都有固定的声调，声调与音节不好分开。正是这种特殊的语音结构导致汉语很难像英语那样以元音、辅音作为区别意义的最小发音单位，因此附有声调的音节成了汉语里区别意义的单位。另外，英语用表义的字母来表现，而汉语用表形的方块字来表现，这都决定了用元音、辅音这些音位对汉语进行描述显然不如用音节（汉字）来得方便科学。

2. 英汉两种语言在音节结构上的差异

从音节结构上看，英语能够将音位更加多样、自由地结合在一起，音节结构类型多；汉语音位结合时会受到声母发声部位和介音限制，音节结构类型少。如舌面音 j、q、x 基本上只能与齐齿呼和撮口呼韵母结合，不能与开口呼和合口呼的韵母配合。英语音节辅音较多，元音较少，有辅音群，英语的词根和词尾可以有两个、三个辅音连续在一起。例如，stay/stei/、asks/aːsks/、next/nekst/ 等单词里都出现了多个辅音的连续排列。汉语音节里的辅音较少，不能单独出现，在音节中的位置非常固定；元音占绝对优势，音节中每个辅音的前面或后面总要出现元音。另外，英语中的很多音可以在汉语普通话中找到相近甚至相同的音，但也有一些音在汉语中找不到对应。比如英语的元音 [æ][ə][i] 和辅音 [r][ð][θ] 等，在普通话中就没有近似的音。甚至有些音在英语和汉语中十分相似，但仍然存在着差异，如 [b][p][g] 在英语是不送气的浊音，发音时声带会振动；而汉语里的 b、d、g 则是不送气的清音，声带不会振动。这一小小差别往往导致英语母语者在发譬如“爸爸”（baba）这个音时让汉语母语者感到用力过猛。毫无疑问，今后在进行汉语语音教学时，仔细对比并教好学生母语和汉语最基本单位的差别是帮助学生学好汉语的第一步。

（二）声调语言与语调语言的差异

和英语相比，汉语除了音节和音位的显著不同，最让外国人印象深刻的当数具有辨义功能的声调了。我们常说汉语是声调语言，英语是语调语言，这也是汉英两个语音系统主要的区别之一。

汉语中的音节由声母、韵母和声调构成。现代汉语中的声调分为四种：阴平、阳平、上声和去声。和声母、韵母一样，声调也具有区别意义的作用。比如

“书”“赎”“属”“树”，它们都是由声母 sh 和韵母 u 组成，只是由于声调各异，就变成了四个意义完全不同的字。因为声调在汉语中的辨义功能突出，所以现代汉语学家把汉语称为“声调语言”。英语里没有辨义功能的固定声调，比如“desk”一词无论读成什么语调，其意思仍然是书桌。然而语调在英语语句中十分关键，同样的语句用差异化语调说出，其表露出的态度、情绪也有差异。也就是说，英语语句的意义包括字面和语调两部分。

汉语句子同样有语调，重读、轻读、高低语调等也能够表达出语句的意义和情感等。从语调来看，汉语句子可划分为陈述句、祈使句、疑问句、感叹句。陈述句语调平，祈使句语调降，疑问句语调升，感叹句语调曲。用不同的语调说同样的句子能够表达出不同的情感和意义。但是汉语虽有用以表情达意的语调，却也主要表现为在句末字调的轻重和扬抑，以及在原本字词语调的基础上进行重读、拉长和扬抑等，而不是彻底变换成不同的字词语调。赵元任先生也曾指出，汉语语调对除了句子最末的一个音节之外的其他任何部分都没有影响。相比之下，声调仍是汉语语音里最具特色的部分。

声调是英语母语者学习汉语的难点，即使元音、辅音发音标准，可是声调不对，听上去就成了“洋腔洋调”让人一头雾水，“窝时歪果仁”（我是外国人）就是一个众所周知的例子；而中国学生在英语朗读和会话中，语调往往比较平淡，这让人听起来生硬吃力，亦不能恰如其分地表达出说话者变化多样的感情。因此在跨文化交际中，要过好语言这关，并且恰如其分地表达出内心情感就必须重视第二语言的“调”，这也是进行跨文化交际的基础。

（三）音节节拍语言和重音节拍语言的差异

语言是有声的，语音、语调和韵律都赋予了语言生命，而节奏是韵律的重要构件之一。可以说节奏模式赋予了语言灵动之美。根据不同的节拍模式，我们可以将汉语归为音节节拍语言，英语则被纳为重音节拍语言。

“音节节拍语言”是指在某种语言当中，它的节奏表现为在每一个音节上所占据的时间大致相等。汉语基本上是一个音节一个字，音节间的时长基本上是等长度的，因此从这个角度来看，汉语也可以说是一种用音节来计时的语言。传统上认为“重音节拍语言”中的重音音节大致是以相同的间隔出现。英语中重音与重音之间的时间基本等长，语句的节拍由句中的重读音节的多少来决定，因而也可以说英语是一种借助重音来计时的语言。

汉语节奏和英语节奏都可以由时长和音高两个变量来体现。“起床”在英语和汉语中的发音在下图能较为直观地反映两者在节奏上的区别（图 3-1-1）。

图 3-1-1 汉语节奏和英语节奏

三、词汇层面的跨文化差异

（一）英汉构词理据差异

词的理据性（motivation）是指词义形成的可释性，即某个词称呼某事物或表达某意义的动因、理由或根据。通俗地说，就是解释某事物获得这个名字的原因。中英文的构词理据有同有异，下面我们将从合成词、缩略词、外来词三个方面进行比较。

1. 合成词的形态理据性差异

合成词包括派生词和复合词，这些词是已有意义的符号组合形成的，因此理据性强。

英语中多数派生词的意义可以从词根、词缀推测出来，因此词根、词缀组合的词理据性强。如 super- 表示“超级”“超过”“过渡”等，通过这个前缀，我们能猜出许多词的词义：supercomputer（超级计算机）、super-jumbo（超级大型喷气机）。又如 anti- 表示“反抗”“非”，据此我们可以轻松推测出相关派生词的意义：antibody（抗体）、antisocial（反社会）、antiwar（反战的）。还有将两个意义单一的词复合形成的词，这些词词义简单，很容易推测出词义。如 sunrise(日出、黎明）sun 和 rise 构成，football（足球）、shoelace（鞋带）等词也很容易从字面上猜得意义。

汉字形义一体的特征使得多音节词具备极强的理据性。例如，带有“生”尾的派生词，如“学生”“医生”“书生”；带有“店”尾的派生词，如“书店”“饭店”“花店”等。汉语词缀少，派生词数量少，但复合词十分发达。复合词的词义可以根据语素的含义推测而出，如复合词“吃饭”“吃面”“跑跳”“哭闹”等。

2. 缩略词的形态理据性差异

汉语中的缩略词具有较高的理据性。如，高考——普通高等学校招生全国统一考试、邮编——邮政编码、网购——网上购物等等。这些词汇通常将全称中的两个首词素、全称首尾词素、相同词素提取出来，都是将词素简化形成了缩略词。这主要同文字类型有关。汉语以音节表意，音节和词素统一在方块字上。不管是压缩还是提取，都在词素的层次上。在词语缩略过程中，通常会保留词语中主要的和经常单用的词素，这样更加便于人们理解词义。如民警——人民警察、劳模——劳动模范、卫视——卫星电视、纲常——三纲五常。如果将原词中的次要词素保留下来，成为：人警 / 民察、劳范 / 动模、卫电 / 星视、三五 / 纲常，就很难理解词义。

英语缩略词则大相径庭，其压缩的通常是无意义音节。英语音节不是词素，在压缩保留时主要关注的是读音和词性，而非意义，这也是为什么英语缩略词更加随意。如 ad——advertisement（广告）、Mon.——Monday（星期一）、gym——gymnasium（体育馆）。这些缩略词保留了前部分音节。还有只保留中间音节的缩略词，如 van——advantage（优势）、flu——influenza（流感）。有些缩略词并非简单截断，而是结合语音规则调整，如 Coke——Cocacola（可乐）、mike——microphone（麦克风）。但是有些缩略词与其他词语相同，就会导致同形同音异义词出现，让人们难以分辨。如 van 既是 caravan(拖车)的缩略词，也是货车的意思，convict（囚犯）和 convention（大会）缩略词都是 con。由此可以发现截短词的词义难以去解释，理据性不强。剩下的英语首字母缩略词的理据性就更难同汉语缩略词相比了，英语首字母缩略词主要是用首字母代替语素，如 IT（信息技术）——Information Technology、CPU（中央处理器）——Central Processing Unit。

3. 外来词的形态理据性差异

现代英语具有极强的开放性，总词汇量有 100 万左右，外来词占据总数的 80%。英语是日耳曼语的延续，以此为核心从法语、拉丁语和希腊语中吸收了大量词汇。汉语中也有部分外来语，并且在全球化和网络技术的加持下吸收速度上升，但与英语之间仍存在很大差距。汉语总词汇在 37 万左右，《汉语外来词词典》中仅有外来词 1 万个左右，收录词汇中还有意义重复的外来词本体和异体、略体，可见外来词在汉语中所占比例之低。但是汉语外来词来源相当多样，有来源于中国内部的少数民族语言，如蒙古族语、满语，有来源于周边国家的中亚文化和佛教文化，也有来源于近现代的西方文化，等等。

关于外来词，汉语通常会以音译和意译两种方式进行处理。如将 microphone 翻译成“麦克风”就是音译，翻译成“话筒”“扩音器”就是意译，显然意译法的理据性更强。对于不了解该词汇的人而言，难以从 microphone 中理解其所代指的事物，但是汉语词汇“扩音器”就直接让人知道原词汇代指的是能够扩大音量的器具。相比音译，意译更加能够让不了解的人推测出词汇意义。还有部分外来词是由音译或意译与类词构成的复合词，如歇斯底里症（hysteria）、自助餐（buffet）、芭蕾舞（ballet）、爵士乐（jazz），这些词汇中，仍旧是意译与类词构成的外来词更易理解。可见用意译借词，理据性强。英语借用词主要是以原形借人或者音译的方法，理据性弱。如 taxi 来源于法语，Opera 来源于意大利语，mosquito 来源于西班牙语，ikebana 来源于日语，Gesundheit 来源于德语，Taekwondo 来源于韩语。此外，英语中还有许多来自汉语的外来词，同样理据性弱，如 dim sum（点心）、kung fu（功夫）、tofu（豆腐）、kowtow（磕头）、tea（茶）等等。

我们在进行国际汉语词汇教学的时候，尤其需要关注英汉构词理据的对照，归纳相同的理据，帮助学习者借助母语正迁移的作用更好地理解和记忆汉语词汇。此外，对相同理据的掌握还能培养学生猜词意会的能力，这对于他们阅读速度和阅读精度的提升有着很大的促进作用。同时，对相异理据的对比也必不可少，解析差异有助于化解母语负迁移在这些类别上的消极作用，帮助学生对汉语词汇构造有更深层次的理解。

（二）英汉词汇意义差异

在跨文化交际中，词汇的差异主要体现在词义内涵方面。英国学者杰弗里·利奇在《语义学》（Semantics）中将词义分为七种：概念意义、内涵意义、风格意义、感情意义、书中联想意义、搭配意义及主题意义。词的概念意义也可以称为认知意义，它是言语交际表达中最基本的意义。概念意义又被美国翻译家尤金·奈达称为“理性意义”，而其后六种被称作“联想意义”。理性意义是独立于语境之外对一个语言符号所表示的肢体特征的抽象描述，没有理性意义就无法进行言语交际。而联想意义则是语言符号唤起语言使用者对客观世界的感性认知和情感体验。根据理性意义和联想意义的对应关系，我们将词汇分为冲突词汇、空缺或半空缺词汇、平行词汇三大类。

1. 冲突词汇

冲突词汇指的是在两种语言中理性意义相同，但联想意义不同甚至截然相反的词汇。例如英语的 willow 和汉语的“柳树”都指树枝呈垂条状的树，且 willow 和柳树在英汉两种文化中都可以表悲伤，但汉语的这种悲伤由离愁别恨引起，而英语中的这种悲伤多由死亡造成，wear the willow 表示“失恋”或“悲悼心爱者的去世”。

在跨文化交际过程中，如果不了解词汇含义上的区别往往会感到一头雾水。如汉语里的“白象”代表吉祥如意，含有祝福的寓意。因此很多商家以“白象”命名自己的产品。当年在国内风靡一时的“白象”牌电池想进军欧美市场，便在广告中大肆宣传 white elephant 的性能如何好。但过了一段时间发现收益惨淡，这家公司便不得已退回了国内市场。这家公司惨痛的教训说明了解词汇内涵的重要性，white elephant 和“白象”在理性意义方面同指白色的大象，但在联想意义方面，white elephant 意为大而无用，含多余累赘之意。这样的词汇出现在广告语中，自然给西方消费者留下不好的印象，“白象”牌电池公司的失败也就在所难免了。

2. 半空缺、空缺词汇

半空缺词汇指两种语言中的词汇具有相同的理性意义，但仅在一种语言中有联想意义。例如“13”在英语和汉语中都指数字，在汉语里无所谓褒贬，但在英语中代表厄运。又如汉语里代表富贵的“牡丹花”，在英语中却没有特别的联想意义。

空缺词指某些词汇的理性意义和联想意义在另一种语言中都没有与之相对应的词。这类空缺词往往是该语言特有的文化词，如汉语里深受儒家思想影响的“仁、义、礼、智、信”在英语中没有对应。

在对外汉语教材中，大量存在这些空缺词和半空缺词，在词汇教学中要注意跟学生讲清楚它们特殊的文化含义。例如数字“八”，汉语中很多事物以它命名：八仙过海、八宝饭、八旗子弟等。这让不少学生感到好奇。实际上是受古汉语的影响，“八”是“二”和“四”的倍数，中国古人喜爱“好事成双”，所以“八”也就意味着吉祥顺利了，而粤语中，“八”同“发”也预示着好运和发财。所以，我们在教学中，对诸如“岁寒三友”“脸谱”“文房四宝”等空缺词的讲授要更多地注重平时的归类和积累，对这些词的讲解毫无疑问能帮助学生理解和感受到更多的文化现象。

3. 平行词汇

平行词汇是指在不同语言中的词汇，其理性意义不同但联想意义相同或相近，也就是两种语言使用字面意义不同的词来表达相同的意思。例如，汉语中形容一个人很瘦时会说“他瘦得像猴子似的”或“他瘦得像电线杆似的”，同样的意思在英语中用 He is as thin as ashadow 表达。这时“猴子 / 电线杆”和“影子”的字面意义虽不同，但内涵都指向“瘦”，由此构成平行词汇。又如汉语常说“过着牛马一样的生活”来形容一个人生活艰辛，但在英语里用 to lead a dog’s life。这里“牛马”和“狗”的理性意义不同，但它们对应的内层含义都是“艰辛”。如果我们没有相关词汇的积累，往往在跨文化交际中晕头转向，无法高效正确地领会说话人的意图。

我们在看英剧、听英语新闻时，常常会听到很多带有 fish 的词，但总感到一头雾水，如 big fish、cold fish、shy fish、dull fish，尤其是刚到英国学习生活，会深感茫然。事实上这些词里的 fish 都引申为“人”，上述词汇依次为“大亨”“无情之人”“害羞的人”“枯燥无趣的人”，这种喜欢用 fish 的偏好和英国航海渔业发达密不可分。

两种语言中对应的平行词汇之所以能够本义不同而引申义相同，主要还是因为两种语言里的事物具有某些相似之处，并且同人们的生活距离较近。例如，汉语里说“他急得像热锅上的蚂蚁”，而英语用 he like a cat on hot bricks（他急得像热砖上的猫）。这也许是“蚂蚁 / 锅”和“猫 / 砖”同中国人和西方人的生活距离较近，人们能普遍观察的缘故。

词汇是语言中最直观也最鲜活的部分，因此做好词汇教学至关重要。作为国际汉语教师，在教学中要适当引入文化教学，做对比分析，在情境中让学生实际使用，告诉学生什么情况下能用该词，什么情况下不能用，这样才能避免外国学生的词汇偏误。

四、句法层面的跨文化差异

（一）形合与意合

著名翻译理论家尤金·奈达曾指出，从汉语复句和英语从句的句式来看，在语言学上最重要的一个差异就是“形合”和“意合”。他所说的形合和意合是语言的两种最基本的组织方法。所谓形合，是指词与词、句子与句子以及词与句子的组合主要是借助于显性的形态标志展现出来，并且在形态标志不充分的情况下，还能够用其他语法手段来显示各单位之间的关系。而意合，是指词与句子的组合主要是通过语义上的关联和联想完成的，各单位的组合在外部形态上通常没有明显的标志，听说双方能在当下语境中依靠语感和经验来接收讯息。

语言是一种文化代码。汉语对音、形、义结合的重视，与汉文化哲学重“了悟”不重形式论证、国画重神似不重形似的文化是紧密相连的。中国画重视留白、写意，追求高雅的意境，而西方民族自古希腊时期就更加重视逻辑、抽象思维，更加追求对世界本源和自我的寻找，从具象中剥离抽象概念。西方文化的这种特征表现在语言形态上就是丰满的形态外露。西方语言更加看重语法，为形态所严格制约，更具有“法治”性，而汉语则常常超脱形态制约，更具有“人治”性。汉语在语法、句法上更加灵活多变，主观性强，而非西方语言的非此即彼，客观意识强，汉语语言单位在形式和功能上更具变化性和灵活性。

（二）时间顺序与空间结构

不管是英语还是汉语，都是按照某种特有思路组织而成，没有这层制约语言就无法成形。英语和汉语都有各自的组织脉络，前者围绕着动词构建，后者更加注重时间顺序。英语句子中，各成分状态及其间的联系都受到限定动词的制约，在进行长短句的转换时，只能调整句内各成分，从而实现以动词为核心的扩展和缩减。汉语的句子变化则围绕着意义来进行，将语言词组或短语以逻辑顺序进行铺展或者去除，这就与前文提及的汉语意合相通。

英语和汉语在句法的时间顺序和空间结构上的特点，根本上是由各自文化精神决定的。西方文化精神是从形式逻辑体系和系统实验构建发展形成的。西方自古对几何学和逻辑学的研究打造了其文化内核中的理性精神，这融入了人们理解和表达的全过程。西方哲学、艺术和语言注重的是自然时空观，特别是空间真实性，在这种文化精神的影响下，英语句法同样偏重于空间结构，也就是说，英语的一句话是视点固定、形态自足、关系完整的一句话。中国文化精神关注的是人的本心，儒家的“心即理也。心外无理，心外无物，心外无事”，道家的“道”、佛家的“明心见性”，都反映了这一点。中国哲学、艺术和语言注重的是心理空间，因此汉语的句子大多如流水，是按逻辑事理的顺序作横向铺排的时间样态。这反映到我国传统的雕刻、书画艺术上就是更加追求线条的流动性，而轻视透视关系和空间性。中国画以骨为质，追求的是“气韵生动”，也就是空间艺术里的时间因素，品画“六法论”中首要的是“气韵生动”，其后才是“骨法用笔”，其中闪耀的人文精神正与汉语句法结构珠璧交辉。

（三）主语 / 谓语和话题 / 述语结构

句法结构中以二分法将句子或者短语分成主谓、偏正、述宾、述补等结构，“主谓二分”主要学自西方。英语句子有五种基本语序类型：SV、SVC、SVO、SVOO、SVOC[①]，这些基本语序类型都是在 SV 的基础上发展形成的。虽然汉语析句时从英语语法中吸纳了“主语 / 谓语”的结构，但是仍然与英语语法有着极大

① 语序：按主语、谓语和宾语的排列顺序可将语言的类型分为 SVO、SOV、OVS 和 VSO 等类型。S 指主语，V 指谓语，O 指宾语。

的不同，汉语句子中的主语成分是可以省略的，尤其是在口语中，而非必要结构成分，其中的谓语成分也不是将动词作为中心构建而成，例如：

（1）甲：法国她去过没有？

乙：法国（她）没有去过，英国（她）去过。

（2）甲：（你）今天请客都买了些什么？

乙：（我）买了不少罐头水果。

在 20 世纪 60 年代，赵元任主张将汉语句子里的主语和谓语看作话题和述语，而非施动者和动作，从而把这对概念引入汉语的句子分析。“主语—谓语”和“话题—述语”是两种不同的结构框架。两者最大的不同在于是否必须保持形式一致关系，前者受此制约，后者虽然不必考虑这一点，但也会受到说话人和听话人的交际意图、当时语境和语言规则三个因素的制约。又如：

（3）这种事还要我亲自出面吗？

（4）他对什么都感兴趣，什么都想学，什么都想去体验，希望把失去的十年补回来。

（5）这房子多好啊，要是我的，那该多好，又大，位置又好，还这么便宜！

上例中的句子都是典型的“话题—述语”结构，句子是在对某话题进行评述。“话题—述语”结构中，话题是结构的重心，支撑起整个句子，其后连缀着一个或多个述语。广义上看，话题是语句的起词，狭义上看，话题是句子陈述的对象。

一个民族的哲学认识会投射到该民族语言的结构中。究其本质，西方哲学着重主客二分，物我之间有着明显界限，普罗泰戈拉认为“人是万物的尺度”，将人与万物分离。这影响了语言心理中施事者与事件的对立和界限，英语语法就形成了“主语—谓语”的结构。中国传统儒家讲究“天人合一”，主客体相互依存、相互包容，庄子认为“天地与我并生，万物与我为一”。这种认识反映在语言心理上就是施事主体可以蕴含在行为事件的主观表现，而非自然模仿之中，所以汉语语法中，主语并非主要和必要成分。“话题—述语”句子结构中，述语的铺排看似松散，但这并非随意和杂乱的，而是有着内在逻辑，属于“形散而神不散”。句子的述语都是在对话题进行评述，“神不散”的“神”指的是汉语铺排的逻辑事理性。这种逻辑事理性使得句子的表达和理解不会受到断句不严的影响。因此，分析汉语句子首要的是理清其内容和语义关系，分析英语句子首要的是理清它的句法关系。

以上，我们从形合 / 意合、时间 / 空间、主语—谓语 / 话题—述题三个方面分析了汉语和英语在句法结构上的差异，以及这种差异背后的文化动因。了解这种深层动因，反过来又有助于我们更好地运用和理解语言，避免跨文化交际活动出现尴尬局面。

五、语用层面的跨文化差异

（一）称赞语

称赞语是人们在交际过程中用来赞美、支持、夸奖对方时所用的话语，是一种配对性结构，即有应有答。称赞语的情感功能在于表达对人、事、物的欣赏和钦佩，通过分析称赞语，我们能够了解到其背后的社会价值观念。各国文化背景不同，所使用的称赞语存在差异，不能随意混用。有时同样的文化背景下，称赞语的使用也需要考虑到说话者和受话者关系的亲密程度。如果交流双方对称赞语的含义和功能认知不同，难免会形成误解，出现交际失误。

中西称赞方式的不同主要表现在两个方面：内容重点及言语模式。

1. 内容重点的差异

首先，称赞语内容重点的不同体现在对话题选择的不同。两个人见面时互相的称赞主要围绕外表和能力两个维度。东西方价值观存在差异，赞美语中关注的焦点也不相同。最为明显的是在称赞外表时，英语侧重“刻意修饰的效果”，如新做的发型或不同风格的妆容等，所赞美的对象多是女性，这是因为西方文化中更关注女性外表的美丽和异性吸引力；而汉文化则倾向自然、未经修饰的外表，这是因为中国文化更加关注个人道德修养，人们认为品德比美貌更重要，即使是择偶时也是如此。称赞能力时，英语侧重成果，如“You did a great job.”“Well done”等，这与西方文化中对个人主义的推崇有着密切联系，西方人更加注重个人价值的实现。汉语却并非如此，而是在称赞成果的基础上，还会称赞对方的努力和辛苦，如“小明这次考得很好，肯定好好复习了”，这跟中国人注重投入和付出、赞扬勤奋刻苦的精神有关。

其次，称赞语内容重点的不同还体现在称赞角度的不同。这种称赞角度的不同实际上源于着眼点上的差异。英语称赞语视角下双方是平等的，而汉语称赞语更加表现对对方的尊重。如到同事家做客吃饭，道别时人们往往会感谢主人的招待。这时西方人一般会称赞主人的饭菜做得好，自己过得很愉快，如“It's so nice to be with you this evening”“This dish is delicious，I really like it”“I had a pleasant time”“I enjoyed myself very much”等。这种称赞着眼点体现了西方文化深受基督教的影响，他们崇尚个人能力，独立意识和自我意识强，因此直接称赞自己受恩惠的地方。而相同情况下，中国人会以自嘲的方式表达对主人的谢意，如“今天晚上实在是太丰盛了，要我做肯定做不出来”之类的话，这也和中国古代“卑己尊人”和“损己抬人”的礼仪传统有着千丝万缕的关系。

2. 言语模式的差异

称赞语言语模式方面的区别首先表现在对词汇句型选择上的差异。沃尔夫森曾指出，西方称赞语在形式上有一个非常大的特点，那就是它们的格式相当固定。英语中 80% 的称赞都是靠形容词传达，其中以 nice、good、beautiful、pretty、great 的使用最为频繁；其余的称赞由动词来承担，最常用的是 like 和 love。而在汉语中用来表达肯定称赞意义的除了形容词中心词和动词中心词以外，副词中心词也占了很大一部分，并且大多数汉语称赞语都包含有副词，出现频率最高的是“真”，其次有“太”“很”“特别”等。

在句型结构方面，英语称赞语的句型结构高度形式化和固定化，常用的格式主要有以下三种：

（1）Pron. be really a NP. 如 This was really a good meal.

（2）I（really）like/love NP. 如 I really like your car.

（3）NP. be/look（really）ADJ. 如 Your dress looks nice。

相比而言，中国人说话更重意合，因此对句式和词汇的选择要自由得多。即便如此，仍有规律可循，大致可归纳为：

（Pron.）NP. 真（ADV.）ADJ. 如：“比赛真精彩！”

（你）NP. V. ADJ. 如：“你这事办得挺好！”

Pron.（真）是 ADJ. NP．如：“这真是本好书！”

另外不同文化下的人们对称赞的回应模式也有区别。英语国家的人们对称赞语的回应一般是表示感谢，即接受称赞。这体现了交际中“以礼相待”的礼貌原则。而中国人在得到别人的称赞时，常常会感到不好意思甚至对称赞予以否认。这是因为中国传统文化强调人际关系的和谐，人们在社会交往中要遵循“谦逊准则”，婉拒别人的褒扬是创造并维持与他人良好关系的一种必要方式，避免给他人留下妄自尊大、得意忘形的印象。这在西方人看来也许近乎虚伪，但在中国的文化背景下却合情合理。也有学者发现，在西方交际中，如果说话者和受话者亲密程度越高，就越可能回避对方的夸奖，也就是对称赞予以否认。而汉语交际中则截然不同，双方亲密程度越高，就越可能接受对方的称赞。

（二）招呼语

招呼语是言语交际中使用频次较高的语言形式，不论在何种文化背景下，招呼语都是一种礼貌行为，能够展现说话者的内在素质，能够为说话者营造良好的社会关系，一定程度上获得对方的好感。不同社会文化背景下招呼语存在着明显差异，在不了解招呼语背后的文化背景时随意运用，常会引起误解，造成语用失误。因此，在跨文化交际过程中我们要尽量使用正确的语句，选择恰当的方式。从语用功能上看，招呼语包括称呼、问候、即景表达、调侃和寒暄五种类型。

中西招呼语的差异主要表现在以下三点：

1. 会话结构

英语会话结构包括三个序列：招呼及称呼序列（greeting&addressing）、问候序列（how-are-you exchange）及闲聊（small talk）。中国人的对话除上述三种以外还包括询问对方的动向（inquiring about the hearer’s action）。在汉语中“询问对方动向”这类招呼语基本上已失去其本义，仅为打个招呼，以示友好。而在西方国家询问对方动向则属个人隐私，在特别熟悉的人之间才会出现，否则会让人觉得唐突无礼，故不宜作为交谈话题。

2. 表达差异

招呼语的表达差异表现在词汇选择和言语内容两个方面。

首先，词汇选择方面，称呼语和寒暄语中外都有差异。称呼是招呼语中的重要组成部分。英美人在日常交往中不论平辈还是长幼之间，都直呼其名，而中国人的称呼相对严格拘谨，例如对年龄小的称“小王”，年龄稍大的称“老王”，年纪很大的还能称“王老”。学生对老师、少者对长者、下级对上级在打招呼时不能直呼对方的名字，这属于不礼貌的行为。

在交际过程中打招呼免不了要进行适当的寒暄。汉语中“受累了”是常用的客套话，没有什么实际含义，常用来表示关心的情感；英语中却没有这样的说法，第一次见面英语常用“Really happy to see you”或者“Glad to meet you”，汉语中初见常用“你好”或“久仰久仰”。

其次，在言语内容方面，汉语招呼语内容更具亲密性，着眼于眼前的事实，常将体重、年龄，甚至家长里短作为话题，如“你的气色看起来真好”“您今年多大”等；而英语招呼语以不侵犯私密性为特点，刻意保持人和人之间的语言距离，他们常用谈论天气开启话题就是一个很好的例证。

3. 语用差异

中外招呼语的语用差异主要表现在三个方面。

（1）“问候型”语用差异

英语的“问候型”用语有“Good night”“Hello/Hi”等，但汉语中没有这样的问候语，只有在新闻、综艺节目、广播节目中，主持人会说“中午好”，平常的交际活动中，这类用法使用频率很低，人们更偏向于用“询问型”的招呼方式。

（2）“询问型”语用差异

英美人常用“How are you”“How are things with you”“How is it going”来问候，汉语中询问型的表现更为丰富，如我们耳熟能详的“吃了吗”“忙什么呢”“去哪呀”“你来了”等等。这些询问语在多数情况下已成为人们见面时的寒暄语，并不是真正要得到听话人的回答。

（3）“评价型”语用差异

中国人在见面评价时多用赞扬语，有时也会使用中性语，即见到什么说什么，如“起得挺早啊，大爷”，“真努力呀，一定能考出好成绩”，“大扫除啊”。英美人很难理解汉语里这种中性评价，在碰到中国人的这类招呼语时往往显得手足无措，不知该如何应答。这类英语里缺失的或者是不发达的评价型招呼语值得我们的注意，作为国际汉语教师有必要介绍给外国学生，并教会他们如何自如应答。

（三）告别语

告别语是交流完毕时用来送别和告辞的话语，例如，在公共场所偶遇寒暄时告别、拜访做客时的告辞、电话结束的话语等等。告别语一般具有一定的格式，在文化背景和思维方式差异的影响下，中西方告别语有着显著区别。

虽然不管是汉语还是英语在告别语中都有道歉的形式，但是在方式和含义上存在较大的差异。西方告别语中的道歉是因为必须要告别了而感到歉意，一般用“Excuse me”。而东方告别语中的道歉是因为花费了别人的时间或者打扰了别人而感到内疚，一般用“打扰了，您继续忙吧”“抱歉，让你花费了这么长时间接待我”。英美人对这些话往往会产生有趣的误会：“我并未感到你打扰了我，你为什么要这样说呢？”中国人会认为如果不是因为自己去找对方，对方完全可以安安心心地干自己的事。此外，在中国，宴请方在宴会结束时常会说“不好意思，时间仓促，没有准备什么好吃的”或“招呼不周，还望见谅”，这也常让西方人倍感困惑，面对着一桌子的美味佳肴他们难以想象究竟什么样的招待才算得上是周到，因为在中国他们从没有得到过“周到的款待”。

其次，汉语的告别语中常有嘱咐叮咛的形式，这在英语中较少出现。例如，中国主人送客时常会说“慢走”“路上小心点”等关心话，这在我们看来稀松平常。但英美人士听后会很不舒服，他们心里会想：“为什么要慢走？我又不是小孩子，难道还不知道怎样照顾自己吗？”而这种想法在中国人看来又是莫名其妙的。又如英国父子到中国人家节庆聚会，结束后，中国主人对英国儿子说“下雨了，路上给你爸爸打好伞”，本意是为了表示对客人的关怀，但是英国父子却感到不适，儿子认为中国主人的话是在以长辈身份训导自己，父亲认为这是在说他老得无法自理，是一种侮辱。在这种情景下，我们其实只需要说 Goodbye、Takecare 或者 See you next time 就行了。

再次，用表示希望再次相会的方式道别在英语和汉语中都有，但具体的内容组织又有差异。有美国学者于书中提到过美国人的道别语只是一种礼貌，没有什么实际含义。如“Looking forward to see you next time”“Drop in again when you are free”等，都是美国人在交际告别时所用话语，似乎是邀请下次聚会，但其实只是一种客套话，不是真的邀请客人再来。这些话语中并没有提到实际时间，只有约定了实际时间，这个邀请才能够鉴别为真。当然这种鉴别标准在汉语语境中同样适用。汉语中的邀约式告别语有“有空常来呀”“星期天没事儿就来我家吃饭”。这些邀请同样没有具体的时间，只是一种心知肚明的礼貌用语。但是在跨文化交际中，西方人对于中国某些心照不宣的告别语很难鉴别出真假，常常会误解。如“都这个时间了，留我家吃顿便饭吧”“谢谢你送我回家，你进来喝口水吧”等等，在英美人看来邀请时间事件都清楚明晰，便准备拔腿就跟着邀请者走，殊不知这也是汉语里客套话的一种。这在跨文化交际以及跨文化知识传播中都是需要特别注意的要点。

（四）拒绝语

拒绝语属于竞争类言语行为，它与建立主张、维持礼让的社会目标相反，其本质是一种威胁请求者正面面子的行为。拒绝者为了不使自己和被拒者处于尴尬境地，常常用一些策略和手段来减弱对受话者面子的威胁。

一般来说，拒绝言语行为策略分为直接策略和间接策略。直接策略指用高透明的话语直截了当地拒绝对方，这种方式容易使要求提出者难堪，因此不常用。间接策略较委婉，包括道歉、感谢、替代、拖延、回避、暗示、副语言等。这些策略并非互相对立，在交际中常交替使用，互相补充。此外还有其他常见的拒绝言语手段，如词汇方面的缓和语、插入语、称呼语、动词名词化等；句法方面用一般疑问、附加疑问、反问句、双重否定、语态变化、固定语结构和超音段等手段。

拒绝言语行为在汉英两种语言中的差异主要表现在以下两个方面：

首先，英汉拒绝语在策略上虽然都以说明原因为主，但英语更多地选择直接拒绝策略，而汉语更多采取间接策略；其次，社会权力、地位和社会距离在中英拒绝语中的影响程度明显不同。虽然社会权力、地位与两种语言的直接性程度和礼貌值都呈显著的正相关，但社会权力、地位因素在中国人的考虑范围内权重更大。

中国人在拒绝上级或长辈时态度极其谦恭委婉，通常会先表示赞同以示礼貌，再话锋一转给出拒绝的理由，措辞会更多地考虑对方的心理感受。而英语国家的人通常会直接说明理由。例如老师建议学生把论文改改，中国学生习惯使用尊称老师，如“您说得对，但是我这样写也有我的道理……”，而英语学生的回答就可能是：Can you give me some con-crete editing advice？ If not，I'd prefer to leave as it is.（你能给我一些具体的修改意见吗？如果不行的话，那我宁愿就让它保持这样。）

显然中西方在使用拒绝语时具有不同的文化心理和面子观。所谓面子，是一种自尊和尊严的体现，是希望别人认同、尊重的社会形象，有时候也是虚荣心的体现。它背后暗藏着一种礼貌指向：理想的社会同一性或者理想的个人自主性。中国文化中的面子指向的是前者，西方文化中的面子指向的是后者。这种指向差异影响了中西文化的拒绝语，反映出了中国人的积极面子与西方人的消极面子。积极面子指的是个人的正面形象的营造和保持，期望受到肯定和喜爱；消极面子指的是不希望自己的行为和个性被外界所干涉。不同的文化心理影响下，中西方文化环境中的人在拒绝的策略和态度上存在差异，只从自身文化下的原则和方式对其他国家的人进行拒绝或者解读他们的拒绝语言行为，通常会误解对方意图和态度，导致交际失败。

第二节　非言语行为与跨文化交际

一、非言语行为的类型

非言语行为指的是除言语行为外的所有由交际者和交际环境造成的刺激。从这些刺激中，交际行为中的人能够获取暗藏的信息，这些刺激被对方感知后就有了交际意义。非言语行为包括说话时的语调、语气、语速、音量、身姿、手势、表情、服饰、体距（交谈时的身体距离）等。交际者能够通过这些行为来传达、获取信息和情感。非言语行为作为语言行为的辅助，在交际行为中不仅非常重要，并且在某些情境下甚至能够发挥语言所不能及的作用。

非言语行为文化特征十分明显，深受文化背景影响，不同国家、民族所用的非言语行为有着很大的差别，对同一个非言语行为的理解可能南辕北辙。所以，非言语行为是跨文化交际中出现误会、失败的重要原因，不理解对方的非言语行为，不能规避对方文化忌讳的非言语行为，不仅会导致交际失败，还会导致民族矛盾。通常把非言语行为分为以下几个类型：

（一）体态行为

体态行为指人的身体各部位的行为动作，表现为说话时的身姿、手势、表情等。交际者能够主动借助体态行为传达信息、态度和情感，也会被无意识间的体态行为出卖真正想法，其所传达的信息有时候比语言更加丰富，有学者提出了“身体即信息”的观点。有六成以上的情感是由体态行为传达的。

在交际活动中，体态行为能够对语言的表达进行辅助、强化和补充。人们在说话时不仅动嘴，还会有表情、身姿、手势等的变动。交际者进行一次有效的交际，需要在说话时会辅之一定的体态行为，还需要做到察言观色、捕捉和解读对方的体态行为的意义，通过其中的信息来判断语言效果和对方的想法、态度，从而调整自己的语言策略。

一般来说，体态行为大多是无意识或下意识的。《三国演义》中说刘备是个喜怒不形于色的人，自我控制能力强。曹操同他青梅煮酒论英雄，当曹操说到“天下英雄唯使君与操耳”时，刘备大吃一惊，手一颤，不觉把手中的筷子掉落在地。幸好此时空中响起一声雷，刘备借雷声掩盖了过去。“大吃一惊”在刘备身上的反应仅仅是手微微一颤，是一种无意识的行为。从这一角度来看，非言语行为最能吐露真情，难以控制和掩饰。有研究表明，有时候人体语言会在很大程度上与文字表意（主要指口头表达）相矛盾。

体态行为与其所表达的意义之间的联系，有的是任意的，有的则是规约的。体态行为的表露有的是与生俱来的，有的是后天习得的。在实际的跨文化交际活动中，最能够表情达意的是身姿语、手势语和表情语。这是言语行为学研究得最多的，也是跨文化交际中特别要注意的。

（二）时空行为

时空行为指的是交际者对于时间和空间的安排和处理，可以分为体距行为（空间处理）和时间行为（空间处理）。

1. 体距行为

体距行为是交际者利用空间距离传递信息的行为，即人们在言语交际中处理相互之间空间距离的方式。事实表明人需要私人空间，对他人侵入这一空间会进行抵制。因此即使在稠密的人群中，人们还是要为自己寻觅一定的空间。有一位西方记者仔细研究了示威游行人群的空中摄影照片，在这些照片上每个参加游行的人都能被分辨出来和数出来。他发现即使在人数众多的集会中，每人通常需要半平方米的地盘，在人数较少的活动中，每人需要的面积为一平方米。据说弗洛伊德早已意识到人是需要私人空间的，他在进行治疗时总是让病人卧在一张躺椅上，而他自己则坐在病人视野以外的一张椅子上，病人的私人空间没有受到侵犯，能有效地进行心理治疗。开车的人都有体会，如果有人突然抢道超车或转弯，被超车者会火冒三丈，因为他觉得私人空间受到了侵犯，但由于坐在车里，人体语言不起作用，因而就用自己的车子进行反抗，许多交通事故就是这样造成的。

2. 时间行为

时间行为是交际者在交际中关于时间处理的行为。赫尔教授将人类时间观念分为单一性时间模式和多样性时间模式。

单一性时间模式更具严谨性，注重时间和行为的安排，在某段时间内要做规定的事情，行为是否终结要看时间，而非事件完成状态。多样性时间模式更具随意性，没有不可违背的时间安排，时间观念较弱。人们不做日程安排，或者做了也不一定遵守。任务什么时间开始做，做多长时间没有强制要求，可以只做一项任务，也可以一心多用。这主要看行为者或者管理者的个人想法。

相对来说，欧美国家属于单一性时间模式。欧美国家的人时间观念较强，非常强调时间的准确性，他们每一天、每一星期、每个月都做了精确的安排，他们厌恶浪费时间。因此，与欧美人打交道要注意守时，事先约定了时间就要遵守，早到没必要，迟到会惹麻烦，可能引起交际的障碍，甚至不欢而散。亚洲和拉美部分地区属于多样性时间模式，时间观念较弱，日程安排较为随意。因此，在开会、约会、聚会等场合，有时并不刻意守时，大家也习以为常。

3. 外表行为

外表行为包括体型（身材、体重、身高肤色、脸型等）、服装（质料、款式，颜色等）、头发（疏密、式样、颜色等）、气味（香水、体味等）、化妆（淡妆、浓妆、指甲、假发等）、饰品（眼镜、首饰、提包、钱包、别针等）等各种要素。

事实上人们的外表行为也像其他非言语行为一样表露出人的社会地位、兴趣爱好、信仰观念以及职业特征等。由此可见，要使自己的形象符合对方的期待，必须一方面注意培养自己的形象表现力，另一方面还要控制这种形象表现力，尤其是在种种细节上恰到好处。这要完全做到是不容易的，必须经过比较专业的训练。

4. 类语言行为

类语言行为包括对人类发声器官发出的声音音量、音调、重音、语调等的控制，通过语言的语速、语调、拉长、停顿等变化来传情达意，展现态度；也包括能够传达信息的非言语声音，如冷笑声、叹息声等等。类语言行为是有声的非语言行为。语言学家将此分为三种情况：作为言语基础的声调，作为言语伴随的音质，浊音化现象。“声调”指的是声音的高低、长短、响度和力度，其中既有因声音系统制约出现的，也有人为主动造成的。“音质”指的是音调、节奏、语速、发声共鸣等语音特征，如夹子音、鼻音、童音等等，这些能够或多或少地传达出某种信息和情感。“浊音化”指的是不用来表达意义的自然声音，如咳嗽声、哈欠声、喷嚏声、呼噜声等。

类语言所表达的感情与面部表情和动作有密切联系。最有趣的现象是在说话时若逐渐把声音放低，头随着也会低下来；反之，若逐渐把声音提高，那么头就会慢慢地抬起来。表示气愤的声音特征是声大、音高、音质粗哑、发音短促、音调和节奏不规则；表示爱慕、温柔的声音特征为柔软、慢速、音低、均衡而略向上升的声调、有规则的节奏及含糊的发音。一般情况下，运用表示气愤的声音特征是表达不出爱心来的，而用缓慢而柔和的声调也是表达不出气愤来的。表情与声音是互相配合的，我们只要观察一下配音演员的工作，便可以体会到类语言同表情、动作的密切关系。

类语言在人际交往中的种种区别同很多因素相关，在不同的文化中有微妙的作用。一般来说女性说话的音调高于男性，她们说话更多地使用声调，特别是年轻妇女，说话时，声调运用频繁。美国人给人的印象是精力充沛，干劲十足，情绪容易激动，所以他们说话一般都较大声；而相对来说中国人、日本人比较含蓄、保守，所以说话的音调一般都比较低沉、轻柔。

在中国的交际当中，咳嗽声、咋舌声也可以解读出不少信息，但是欧美人并不习惯这种表达。

二、非言语行为的跨文化差异

（一）身姿语的跨文化差异

身姿语属于体态行为，指的是人体姿态和动作。身姿语并非人天然具备的，而是从交际中逐渐学会的。身姿语在交际活动中传达的意义是某民族在漫长的时间中相沿成习的，体现了社会文化的独特性。因此，身姿语在不同的国家、民族中传达出的意义、情感不尽相同，实施不同的社会功能。比如美国人常伸出舌头表示对对方的蔑视，中国人则以此行为表示惊愕。这种差异会为跨文化交际造成困难，如果不了解这种差异，往往会产生不良的后果，严重影响交际。

1. 姿势动作的跨文化差异

相比其他身姿语行为，人们更加能够感受到坐立姿势的意义，它在各国家、民族存在文化意义上的差异。不同国家的人对于“二郎腿”的感观、理解不同，对于美国人而言这是很常见和放松的坐姿，但中国人认为这是很不礼貌的。如一位英国老师在埃及的课堂上坐姿不当，面对学生跷起双脚，堂下学生出离愤怒，坚决要求教授道歉并离开学校。因为在当地文化中，这种坐姿表示侮辱。其实类似的行为在中国也曾发生过，有的外教上课时比较随便，结果被校方告知在讲台上要严肃一些，不然有失师道尊严。有一次，某国和美国打官司，美国人雇请的美国律师就坐在桌子上进行辩护，这个国家在场的人按照自己的文化习惯认为美国人傲慢无礼。在很多场合，西方人对“站”有一种偏爱，他们站着开会，站着吃饭，站着聊天。这是传统习惯，有时与效率有关，有时则毫无关系。

身姿的幅度和速度也是其背后文化环境和心态的体现。美国女性步伐大，腰背直，给东方人留下的性格印象是大胆、大方，日本女性步伐小、细碎，给欧美人留下的性格印象是羞怯、温顺。美国人注重个性发展和自由主义，坐立的姿态比较懒散，而中国更看重礼仪，在会议等庄重场合这样的坐姿会被认为是没有礼貌。

2. 人体接触的跨文化差异

身姿语的一个重要领域集中反映在身体接触方面，身体与他人的接触在交际中也无时无刻不在传递信息。由于身体接触已不是个人行为，所以就不能随心所欲。不同文化的接触方式存在较大差异，即使是同一文化背景下，对于不同性别、不同年龄阶段的对象，所采取的人体接触方式也是不同的。

握手是世界上最普遍的人体接触方式，这可以追溯到原始社会。石器时代，两个陌生人为了表示自己的善意，放下手持的武器，伸出手心，然后双方小心靠近，掌心接触。慢慢地，这种行为逐渐演化成握手的礼仪。张开手掌传达出自己接纳、开放、友好的意图，双手接触展现出一种联结与合作。如今，世界上大部分国家都已经接纳了握手这种传达友善的礼节。但是在握手的一些细节上，各国仍有差异。在巴基斯坦男人同异性握手有表白的意思，因此，也不能随意向他人的妻子握手；中国人握手没有其他礼仪要求和忌讳，经常在握手的同时打招呼。当然，也有的国家对于握手礼仪接纳程度不高，如泰国人更加习惯于双手合十打招呼。

交际行为中，眼神表达的信息十分暧昧，而握手表达的意义更加直白和容易理解。比起握手，握肩膀和胳膊传达出的情感是更加亲密的，只有在感情极为密切与融洽的人之间才受欢迎。在异性之间，如果女方不主动伸出手来，男性是不能去握她的手的。如果伸左手与人相握，则是无礼的表现。握手的文化是如此丰富多彩，我们必须深入研究，严加区分，以避免文化冲撞和误会。拥抱与亲吻则是人体接触中最敏感的行为，不同的文化背景产生不同的礼貌和礼仪，其含义是约定俗成的。西方男女在大庭广众之下手牵手、肩并肩、搂腰搭背，甚至拥抱、接吻，他们对此习以为常。而中东地区的一些民族对此类举动却视为禁忌，妇女要用纱巾从头到脚包起来，走路时目不斜视，不与非亲属的异性握手。在西方许多国家，两个女生见面时拥抱在一起是常见现象；但阿拉伯国家、俄国、法国、东欧国家、地中海沿岸国家和一些拉美国家，两个男人之间也会拥抱及亲吻双颊。缅甸人、蒙古人和分布在挪威、瑞典、芬兰等国的拉普人会嗅着彼此的面颊表示问候。在东亚及英语国家，男人之间一般只是握手表示欢迎，很少拥抱或亲吻对方。

（二）手势语的跨文化差异

手势语是通过手和手指的动作和形态来代替语言交流和表达思想，它是人类进化过程中最早使用的交际手段。手势语非常敏感，而且很多手势语被赋予了文化内涵，也就是说手势语有文化习俗的差异，这种文化差异在跨文化交际中具有重要意义。

1. 手势语的同异解释

人类的有些手势语是具有共性的。如，手掌竖直、左右摆动，表示否认；鼓掌表示欢迎、认可、赞扬；食指竖在嘴巴前面，是表示安静，放低音量；中指向上、四指握拳表示侮辱；拇指向上、四指握拳通常表示肯定、赞成，而拇指向下表示否定、不赞成；右手握拳猛击左胸、用手掌摩擦颈背或拍打前额，表示后悔；手在头或高于头的位置左右摆动，手指松弛，稍微伸开，是道别的信号。

但更多的手势语却被赋予了文化的内涵，文化背景差异就体现在手势语的交际功能中。竖起大拇指在中国表示认可和称赞，在美国表示进展顺利或者搭顺风车，在希腊表示够了，但是在孟加拉国却具有侮辱性。大拇指和食指圈成圆形，其余手指竖直，在中国和美国表示 OK（可以），在拉美表示不尊敬，在法国这样的手势没有特殊含义，通常理解为零。在很多国家，离别时会用挥手来送别，但是这个手势在南美表示召唤，他们会向做出这个手势的人移动。中国人用小拇指表达蔑视和侮辱，这在日本却是“情人”的意思，而美国人用来表达蔑视和侮辱的手势是大拇指向下。中国人用来表示数字 9 的手势，在缅甸代表着数字 5，在日本表示小偷或者偷窃，在韩国表示错误和度量小，在新加坡、泰国、马来西亚等国代表着死亡。

2. 手势语的文化冲突

手势语的使用既然有文化习俗的差异，那在跨文化交际中就要谨慎了，不然就会引起冲突。比如大家拍照时经常用掌心朝外的 V 形手势，这个手势有“胜利”的意思。但是最初其含义并非如此，而是由拉维雷创造，以表示对纳粹的蔑视，与 victory（胜利）首字母相同，而后被英国官方宣传成胜利的符号，逐渐被整个欧洲接受，是反纳粹运动的重要标志。但是如果将表示 victory（胜利）的手势翻转过来，就会传递出侮辱的意思。同样，第十五届足球世界杯比赛时，德国著名球星曾对不满意其表现的观众做出极不礼貌的侮辱性手势，激起观众的极大愤怒，因此被德国教练撵出国家队。又如招呼人过来时，英语国家的人对成年人用手掌向上朝自己方向招动，对幼儿和动物则是将手掌反过来做动作。而这个手势在中国却会传达出相反的意义，也就是说对待成年人使用手掌向下的动作，而对待幼儿或者动物则要反过来。因此，在这个动作上，中西方之间的理解不同，很容易在交际中导致冲突，应加以注意。

西方国家有很多约定俗成的手势行为，在我们国家是不用的，但我们要懂得它们的含义，以免在与西方人交际时产生误会。如我们在欧美影视剧中经常看到剧中人物手画“十”字口说“阿门”，这在英语国家的现实生活中也十分常见，主要是用来祈福，希望获得上帝保佑。具体手势是用右手，将手指捏合，按照前胸、腹部、左肩、右肩的顺序各部分点一下。西方人结账也有固定的手势，一般是用右手做出拿着笔的样子在空中写字；在路边对着驶来的车辆伸出一只跷起大拇指的拳头，是在请求搭便车；英语国家的人食指伸出并略微朝上来回摇动，表示不赞成或警告；至于用大拇指点着自己的鼻尖，而把其余四指张开对着人不停地摇动，这一动作在调皮的孩子之间很常见，是对人表示轻蔑、鄙视、嘲弄的意思。

（三）表情语的跨文化差异

表情语指脸部活动所流露出来的情绪、态度的倾向性，表现力强，所有脸部的变动都是表情语，其中以目光最敏感。在言语交际中，一个人的表情来源于对所谈论的事物、现象、观点的反应，同时又是社会身份的象征。表情也是在文化背景中习得的，因而它们的表现因文化的不同而不同，在什么情况下展示或不展示表情，展示什么样的表情，不同的文化都有其不同的社会规范。

1. 表情语的表达方式

一般来说，人具有喜怒哀乐的情绪感受，而且情绪感受都需要宣泄，这是人之常情。因此，表情的展示具有共性，只不过不同文化的表现程度有差异。中国传统文化讲究含蓄、内敛，人们习惯于控制自己的情感流露，他们对真实感情往往是“藏而不露”。因此，中国人常常对对方的谈话表露出一种难以捉摸的“微笑”，令对方难以判断其态度。该高兴的时候不会“喜形于色”，该拒绝的时候“模棱两可”。中国女性更是如此，即使很开心也只能“掩口而笑”，因为笑不露齿是淑女的行为规范。而西方人则截然相反，他们崇尚个性，表情外露，喜怒哀乐往往溢于言表。当然，这只是相对而言的，事实上无论哪个民族都会利用表情这种非言语行为来表情达意，只是展示的方式有所不同而已。正因为如此，不同民族在展示表情方面的文化差异是不容忽视的，也是在跨文化交际中值得注意的一个方面。

交际活动中，目光是情感的直接表达，注视的位置、方式都有其含义，时间长短也受到文化差异影响。英国和美国社会中，一个人在听对方说话时，如果注视说话人，表示“我同意”或“我对你说的话感兴趣”；如果注视其他地方，那表达的就是对说话人话语的不认同，或者是表达“你说的有一定的道理，但我仍坚持我的观点”。如果说话者目光投向受话者，那表达的多是“我认为我的发言有道理”，如果不是，则有可能是在隐藏、说谎，或者是不希望对方看出自己的真实想法。所以，在英美等国家的交际活动中，两个人都要彼此目光直视，尤其是要直视对方的眼睛交流，否则将会是非常没有礼貌、没有教养的行为。阿拉伯社会中，有着同样的观点，友好的交流需要直接的、长时间的目光注视。他们认为不论与谁交谈，都应目视对方，因此他们总是紧挨着谈话的伙伴站立着，并目不转睛地直视着他的眼睛。有些国家对于交际中的目光接触则有着相反的观点，在地中海周边生活的人厌恶长时间不变的目光，觉得这会招致不幸，交际中不能如此；希腊人也有类似的习惯，尽管没有明文规定，但避免长时间注视对方已是约定俗成。

2. 表情语的交际误解

不同的文化中人们的眼睛定位不同，这更加深了跨文化沟通的难度，如不注意，就很容易导致误解和冲突。在非洲某个部落，有外国老师在课堂上希望孩子们看着老师的眼睛听讲，但这与当地的习俗相违背，导致了当地人的不满，因为该地习俗中少者不能用目光注视长者的眼睛，否则将是对长辈的无礼和不敬。印第安文化有着同样的观点，所以他们与人交谈时，眼睛必须东张西望，或背对听众，或目视远处。

又比如西方社会中，当某人在众人面前发表观点时，通常会用目光扫视听众，观察听众的表现，听众通常会回以目光，表示自己听得很认真。而西方人在中国演讲，往往会觉得听众的反馈令人扫兴，中国人总是避开眼神交流，以致演讲者以为观众对其演讲没有兴趣。这是因为在中国，正视对方被认为是粗暴无礼，演讲者与听众相互谦恭地回避眼神交流，是很正常的。

其实，眼睛的定位不是固定不变的，而是要看语境、看对象。在美国本土和中国社会，眼睛的定位在有些情景中的表现是相同的。比如遇见陌生人的时候只会偷偷地扫视一下，而不会盯着陌生人。因为直视对方会被认为是不礼貌的，甚至带有敌意的。当与长辈交流时，晚辈通常需要稍微低着头向下看，展露对长辈的尊敬和自己的顺从；若直视对方则是无礼的表现，是对长辈的挑衅。人们的目光接触方式总是会受到母国文化的影响，在同一个国家的亚文化交际中也会因此出现误解。移民国家中，欧裔在演讲和交流中，习惯于将脸转向其他位置，间或转脸轻扫对方，不会长时间直视听话人；但是当欧裔作为听话人时，就完全相反，会长时间不变地、直接注视讲话人。非裔在倾听和讲话时的目光则大不相同，作为讲话人时非裔一般会直接注视听话人，作为听话人时非裔一般会面朝其他方向。所以当非裔与欧裔进行交际时，会发现对方的眼神行为与自己相反，很难理解对方的行为，这样的目光接触可能会给对方造成不适，导致交际出现问题。

表情语内涵丰富，是十分复杂的非言语行为。通过不同文化目光接触习惯的差异，我们能够看出这背后反映出的不同文化的历史特点、不同地区的风俗习惯、不同民族的心理特点。同时，各文化的目光接触也是共同点和差异点相互交错的。所以，必须要掌握各国家目光接触的共同点和差异点，并加强跨文化交际的实践，熟能生巧，才能避免失误，有效地进行跨文化沟通。

（四）体距语的跨文化差异

交际中的空间距离所带来的影响是非常直接的。交流中，不同亲密关系的人之间的体距不同，所营造的谈话氛围存在差异。通常交际中的体距近，可以营造合作的气氛；而当沟通的距离较大时，则很容易形成正式、严肃的气氛。社交情境越正式，人体的空间距离也就越严格，也越能体现人与人之间的社会关系。学者们对不同民族在处理空间距离方面的研究表明，不同文化的人对空间有不同的理解，所以他们在处理空间距离方面的社会规范有不同的选择。

1.不同民族的人际距离观

各民族人际距离观的差异在于文化观念中的差异。如德国文化中自我观念浓厚，更加关注与他人的距离，私人领域不容侵犯。这一点也体现在德国住宅设计中。德国人将住宅看作最大私人领域，凡是住宅范围都与外界隔离开，花园、阳台都设法围起来，家门紧闭。所谓私人领域，在德国人看来就是这样一个包围起来的、与任何人不共处的具体区域。德国人对自己的位置十分明确，在他们看来，必须坚守一定的行为准则，才能够构建文明的社会。而英国文化中关于空间的观念则极为不同，他们并不是通过住宅来营造私人领域，而是通过对人际关系的控制，将私人领域建立在社会地位的基础上，更加重视交际对象的阶层。如果两个人处于不同的社会阶层，就不可能建立人际关系。这种观念是受到了其历史传统和文化习俗的影响。

现代社会的生活方式也会助长人们对空间的某种反应。城市人口密度也会影响到当地人交际中的空间观念。如纽约就是一个经济发达、人口众多的城市，当地人在保持私人领域时会做出一些看似不礼貌的行为，但这其实是当地人对彼此私人领域的尊重。他们不愿意侵犯他人的私人领域，所以在一些人多的密闭场所，或者人来人往的道路上，会直接“视若无人”，给彼此留下空间。当地人在活动时会尽量待在私人领域内，如果彼此距离过近，就会对自己的行为动作进行约束，以免被人误以为动机不良。除非遭遇严重灾难或者危机，纽约人才会卸下彼此间的“围栏”。

由此我们可以发现，交际活动中，双方的空间距离和位置有着丰富的含义，不仅能够体现出双方的关系、亲密程度和情绪状态，也反映出社会环境和文化特点。各社会环境和民族的人对于交际者之间恰当的空间距离观点存在差异。这背后体现了各社会文化背景下，人们独特的空间距离观念和模式，形成了文化差异，也让交际中的空间距离带上了丰富的文化内涵。因此，如何了解并懂得尊重对方的空间距离观，在跨文化交际中是很重要的。

2. 体距语差异的文化冲突

交际活动中，我们对于彼此空间距离的处理几乎是潜意识的，然而却带有显著的文化特征，有时这种特征还是对立的。如美国社会交际中的距离通常比较远，更加注重个人空间。对美国人而言，社交距离就是进行个人事务处理时的空间距离，是不会为感情所干扰又能够表示对彼此的礼貌的距离。这样能够保护自己的隐私，并且不会失礼，是相互之间可以容忍、可以理解而且根据关系的变化可以随时调整的距离。美国社会，只有在父子和夫妻这样的关系中会保持亲密距离，与其他人交际会保持社交距离，两者距离过近，容易让对方焦虑和反感，在对方眼中自己的隐私会受到侵犯。与之相反，中国社会交际中距离一般比较近。中国文化中带有浓烈的集体观念和群体观念，中国人的距离意识、隐私意识和个人空间意识较弱。双方交流时一般距离都比较近，所谓“一回生，二回熟”。中国人口众多，到处都会出现拥挤的场合，好在大家都习以为常，并不觉得有什么不自然，更不会想到保护个人隐私的问题。但中国人这样处理空间距离是有条件的，那就是对群体空间十分重视，群体间的距离是不允许随便打破的。从古代的自然村落“鸡犬之声相闻，老死不相往来”，到现代社会形形色色的“同乡会”“同学会”“校友会”“行业协会”“民间团体”，以及各行各业的正式组织，群体间的“间隔”是很深的，轻易不会互相“闯入”对方领域。文化差异导致了各民族人空间距离观念和处理方式不同，这也导致了很多跨文化交际中误解和矛盾的产生。如某个合作交流场合，美国人在和阿拉伯人交谈的过程中，一直试图离对方远一点，而对方则很自然地逐渐靠近。美国人认为双方之间的距离过近，感到不适应和不舒服，因此努力后退将彼此的距离拉开至“正常”范围。在美国人看来，阿拉伯人的表现过于亲密，甚至有些不礼貌。而以近距离交往为准则的阿拉伯人愿意站得更近些，因而就一个劲儿地“逼”着美国人满屋走，竭力想缩短彼此之间的距离，并在心里认为美国人有些“冷淡”。其实双方都没有恶意，也都希望真诚交往，只是生活习俗不同。又如美国和中国留学生到餐厅吃饭，美国学生距离他人过近时会自然地致歉，中国学生擦肩而过则毫无反应。美国学生看来，中国学生的行为非常无礼，中国学生看来，美国学生是多此一举，其实是双方的习惯社交距离不同。

第四章　影响跨文化交际的因素

在跨文化交际中，很多因素影响交际过程并决定跨文化交际能否成功，这些因素可以大致分为文化身份、环境因素和心理因素，本章就对这三种影响因素进行说明。

第一节　文化因素与跨文化交际

跨文化交际是一种交际行为，就交际的种类来看，可以是人之间的交流，也可以是个人与公众（群体）间的交流。布瑞恩·斯皮茨伯格认为个体的交际能力体现于个体在特定场合中得体、有效的交际行为。在跨文化交际中，文化是制约跨文化交际的非常重要的因素，也是学者们研究最多的。文化对跨文化交际的影响主要体现在世界观、价值观、民族性格、文化身份认同上。

一、世界观

一个文化或社会信仰系统的中心具有普遍或恒久性的部分，通常称之为“世界观”。它是人们对待世界的根本看法，包括人在宇宙中的位置、人与自然的关系等。中西方在世界观上存在很大差异。

（一）认识自然方面的差异

在西方文化中，主客体是相互对立的，物我之间存在鲜明的界限，首先要脱离自我范畴，向外追寻探究，客观地认识自然、改造自然。自古希腊文化以来，西方文化逐渐形成了“求真”“理性”的文化取向，以逻辑学和实验方式认识世界。认识论、宇宙论、道德论相互独立，不相互融合、混同。西方文化对自然规律的探究通常由假设开始，对假设进行分析和验证，或者是以逻辑学方式进行推理，注重差异和对立。中国文化则讲究“天人合一”“一生万物，万物归一”，通过直觉、思考等感性的方式认识自然。天行有常，认识自然是对“道”的追寻，进而达到顺其自然的目的。

（二）人与自然关系看法上的差异

在人与自然关系的看法上，东西方文化也有着很大的差异，西方文化观念中，人与自然是对立的，应当征服自然，人类能够借助科技积极主动地进行自然改造行为，人是万物的中心。中国文化观念中，人与自然万物是统一的，“人法地，地法天，天法道，道法自然”，人应当顺应自然，尊重自然规律，并利用这种规律改善人类生活。比较东西方文化，我们马上想到东方尤其是东亚地区，深受儒家、道家与佛教的影响；而西方，特别是西欧国家，则广受希腊与犹太基督教传统的影响。这种影响形成了双方世界观的差异。

（三）宇宙本体论和人类沟通关系上的差异

从宇宙的本体论和人类沟通关系上比较，东方在儒、释、道三种思潮的洗礼下，把宇宙看成一个阴阳两股势力交互运动所产生的变动不息的现象。中国这种天人合一的思想，提升了人在宇宙间的崇高地位，并使天、地、人之间的和谐关系成为中国人主要的价值观念。西方人则把天与人看成两个分割对立的客体，与东方人有很大的区别。西方人把和谐当作人类沟通的一种手段而非目的，因此人类间冲突乃是常态，东方人则把和谐当作人类沟通的目的，因此尽量避免发生冲突。西方人把沟通能力当作一种控制对方的力量，东方人则把沟通能力看成双方经由合作的互动来达到相互适应的过程。西方人因此不认为与对方互动的合作是一种道德性的义务，东方人则认为以诚相待，不以技巧、计策达到目的才是人类沟通的准则。

二、价值观

价值观与世界观的联系十分紧密，价值观是人评价客观事物和判定是非对错的一种思维和取向。价值观既是个人行动的价值取向和追求，也是个人观念中的价值尺度和准则，用于评定客观事物的价值。它是一种抽象的概括，是文化中最深层次的部分，形成以后具有相对的稳定性，不会轻易改变。

价值观是跨文化交际的核心，是人们所持看法和所采取行动的根本出发点。从一些学者对某些价值观在不同文化圈的重视程度的研究数据中我们可以看出，一种文化中最重要的价值观可能在其他文化中并不重要。也就是说不同文化中人们之间存在着价值观上的差异。霍夫斯泰德在对 23 个国家的华人价值观进行调查的基础上，概括出民族文化的六个维度，并以中国和美国为例，简要介绍了前三个维度在日常生活中的影响。

（一）个人主义与集体主义

民族文化对于个人主义和集体主义的取向能够反映出该民族个体受集体影响的程度。“个人主义”是一种结合松散的社会组织结构，相比集体的利益，个人更加关注自身价值的实现和个人利益的获取，相信个人的力量，在集体中生活但重视精神独立和自由。“集体主义”的结合则十分紧密，人们具有较强的身份认同，以群体来划分身份归属，在群体内部人们具有较强的奉献意识，愿意为了群体利益付出努力甚至牺牲，希望得到群体的帮助，或者在群体中担任重要角色，更加习惯于服从群体决策，相比独立行动，更习惯共同协作。

中国人提倡集体主义，西方提倡个人主义。孔子重视人伦关系，强调家国观念，孙武有言“上下同欲者胜”，顾炎武呼号“天下兴亡、匹夫有责”；西方文化推崇个人主义，追求个人独立和自由，崇尚个人奋斗，提倡个人本位，认为每个人都是生活的主宰，是有价值的，而且通过努力能够实现自我价值。很多欧美年轻人在成年之后就会坚持自己承担生活费用，甚至搬离家庭自己生活。

和谐也是中国文化中的重要价值取向，对和谐的追求贯彻了中国文化的始终，深入了民族血脉。中国人相信“和实生物”，和谐是具有生命力的。而西方社会没有类似的文化，难以理解中国人的谦虚观念，他们具备更强的竞争意识，这也是中国人很难认同的。这种潜移默化之下的传统观念和异国价值观的冲突，使人很难融入当地生活。

因此在跨文化交际过程中，我们要学会克服不同价值观的分歧，正视和尊重不同文化的民族性和差异性，即世界文化的多样性。不管是国内还是国外，在将汉语作为第二语言教学时，要充分考虑到不同国家的学生可能面对的不同问题。欧美人比较开放，上课时表现积极但同时也较懒散自由。东亚人则相对谦虚、勤奋、尊敬老师，但不乐于参与课堂互动。这些都是由欧美和亚洲人不同的价值观念所造成的，我们要尊重他们的习俗、性格，同时也要学会引导他们互相学习，营造一个融洽的课堂氛围。

（二）权力距离

权力距离指社会成员对社会或组织中的等级制度或权力分配的容忍、接受程度。对权力分配不公平和人与人之间的不平等现象接受程度的高低决定了权力距离的大小。在权力距离大的社会中，权力拥有者会通过种种规矩和特权来彰显自己的身份，要求别人的尊敬。权力距离小的社会，人们会更加注重公平和平等，反对不公正的分配制度，更加乐于参与组织活动。

例如，在崇尚高权距的中国课堂上，教师传授给学生知识与智慧，教师具有权威地位。师生之间界限明显，学生必须在生活细节中对教师表示尊重，不允许公开反对和指责老师。这种差异使得很多初到美国的志愿者感到不受尊敬，面对很多学生提出的各种问题很难解答。

（三）不确定性规避

不确定性规避，是指面对不确定因素时，人们所保持的态度。不确定性规避也有高低大小之分，如果一个社会中，人们更具挑战意识和冒险精神，能够以轻松从容的态度面对未知事物，那就说明其不确定性规避程度低；如果人们较为保守，更加期待规律的生活，对于不确定因素感到不适，并且会通过法律或者其他保障性制度，减小不确定因素可能带来的变动和风险，那就说明其不确定性规避程度高。

例如，新加坡是典型的低不确定性规避国家，这一点非常鲜明地体现在国家法律之中。新加坡非常乐于接受新事物和新变化，并且将这些融入法律当中，如，无人驾驶汽车、ICO货币等刚出现时很多国家对此接受程度不高，新加坡却迅速出台法规，支持它们的发展。日本则是高不确定性规避国家，人们生活中非常循规蹈矩，面对新项目，企业会投入大量资金进行可行性分析，降低风险，"终身雇佣制"社会接受程度高，推行顺利，人们愿意终身在同一家公司工作。

三、民族性格

民族性格，亦称"民族共同的心理素质"，指的是民族在形成和发展过程中逐渐形成的多数成员具备的一般行为与性格特点。民族性格渗入民族文化和行为之中，以价值观念为基础，并与其共同构成底层文化结构，主导着人们的交际行为。我们通过对比中国和美国两个民族的性格来看看它们对跨文化交际的影响。

中国的民族性格体现了以人和人生为中心的人文特质，天人和谐、人我和谐、如何做人、处世哲学、身心修养等共同形成了中国民族精神。而西方人相比人生，更加关注客观世界，重视对世界本体和真理的探寻，通过科学方式认识客观世界，而非处事做人。

但是值得注意的是，随着社会剧变，中国民族性格也在变化，这主要体现在以下几个方面：

第一，中国人不再绝对化地崇尚群体取向，逐渐摆脱这种道德束缚，要求将道德的社会功能从调节人际关系为主转为以促进自我发展和完善为主。

第二，社会期望不再要求一味地盲从和无为，而是转向鼓励"作为"和"自主"，这刺激了人们成为自信、自强、自立的有为者。

第三，在平等观念上，传统的结果均等正在被机会均等的要求所代替；在个性独立上，人们开始反对他人对自己生活方式的过分关注和插手。

第四，一些不合时宜的传统观念正在被抛弃，而勇于创新、开拓进取、公平竞争等新观念正在形成。

在社会开放的过程中，由于各种西方观念的传入，很多传统观念受到了动摇甚至颠覆。但是，我们应当看到，传统观念对生活的影响是无法彻底抹去的，传统文化仍有着强健的根基。在跨文化交际中，了解和尊重对方的文化习俗，能够让我们更好地理解对方的行为，避免以己度人和冒犯他人文化禁忌。

四、人际关系

人际关系是跨文化交际所涉及的一个重要的社会环境因素。人际关系是指人与人之间的关系，本质是人与人之间在交际和互相接触中形成的直接心理关系，也是心理距离，属于心理学范畴，能够反映人们在交际中心理距离的疏密。人际关系是极为普遍的社会现象，只要身处社会，就会与他人产生交际，形成人际关系，这是个人生存和发展必不可少的，也是社会整合的需要。构建人际关系需要成功的社交，但是在不同的民族、国家构建关系的交际方式存在差异。所以，人际关系在跨文化交际学研究中非常重要。

社会中的人际关系非常多样，分类也十分复杂，从不同的角度切入，有多种划分方法。如从交往频率可以分为隶属关系和次属关系。从理论上来说，任何一个人都生存在这样一张社会人际关系的网中，这就是所谓的“人脉”。“人脉”能使我们有一种社会归属感，能满足自己情感宣泄的需求，能创造一个我们同别人共享的空间，能在遭受挫折、遇到困难时给自己有力的支撑。人际关系对一个人来说至关重要，这一点中西两方都是如此，只是各自的表现方式不同。

（一）中美人际关系的差别

著名美籍华裔学者许烺光教授在对家庭亲属关系的研究中提出“轴”（dyad）的概念，指家庭中父子、夫妻或者是母子等两个人的关系。他认为，一个家庭体系中总有一个轴表现得特别重要，称为主轴。中国社会以纵向的父子关系为主轴。中国父子轴的特点是：

第一，延续性，父子关系是代代延续的，不可无后。

第二，包容性，儿子越多越好，只要有子，允许过继、招赘、归宗、纳妾等等。

第三，权威性，父亲拥有绝对的权威，讲究“生，养之以礼；死，葬之以礼，祭之以礼”，子对父要生前供养，死后葬祭。

第四，非性性，父子俱为男性，因此父子关系也忽视了两性的差别。在伦理支配下的人际关系中，有几个特点值得注意：

首先，关系取向坚不可摧。关系取向是社会取向的重要特征，是群体取向的延伸和必然。中国社会中，人自呱呱坠地就处于复杂的人际关系网络之中，个人的社会关系直接影响他的社会地位、生活方式等。

其次，等级身份制严格。每个人在社会中都有其固定的身份，这种身份决定了人们的权利、义务、荣誉、地位以及行为方式等。中国人重“义”，这是社会规范，也是人际关系准则。而“义”意为事事皆“宜”，即“应该”的意思。每个人都应该按照自己的社会身份要求去做，不然就是越轨，就是不安分。恪守本分是中国社会人际关系的另一重要特点。

而美国社会以横向的夫妻关系为主轴。美国夫妻轴的特点是：

第一，非连续性，夫妻的关系最多一代为止。

第二，排他性，两人之间不能存在第三人。

第三，平等性，在美国，夫妻二人的地位是平等的，不存在谁是谁的绝对权威。

第四，突出性征，夫妻分别代表不同的性别，要强调两性的差异，性不但不被忽视，而且要被突出。

（二）人际关系取向的类型

各国都有着独特的社会构建方式，文化、社会不同，造成了人际关系取向的不同。在这里，我们就以情感型、工具型和混合型关系为基础，对人际关系取向及其类型进行简要分析。

1. 工具型人际关系

工具型人际关系取向指的是以做某事为目的去进行人际关系的构建。将这段人际关系作为达成目的的工具。通常而言，工具型关系是一种非个人化、非情感化的关系，显得理智而直率，因而表现出短暂、不牢固、不稳定的特征。

2. 情感型人际关系

情感型人际关系取向是基于共同的血缘、亲缘或者朋友而形成的人际关系。

在这种关系中，人们相互满足包括情感在内的各种需求，在交际中展示出友善、依赖、重情重义的态度以达到物质、精神及情感方面的共享。一般来说，亲朋好友或同一群体之间所存在的情感关系较为持久、牢固和稳定。但由于情感关系和其他关系往往会产生矛盾，这就可能产生亲情困境。

3. 混合型人际关系

混合型人际关系取向是一种既有情感性又有工具性的混合式人际关系模式。在交际中，双方有间接的亲友关系，或者曾经有过一定的交往，具备较为浅薄的情感基础。通常来看，混合型人际关系可能是亲戚的亲朋好友、邻居、来往较多的同事、恋人的朋友、朋友的朋友等等，还可能是小区门口的超市老板娘。这是一种最典型、最普遍、最有效的人际关系类型。从当事者的角度看，每个人都以自己为中心而编织其独特的关系网；以第三视角来看，一个人通常会身处多个不同的群体，身上能够延伸出多张关系网。混合型人际关系能否存在以及存在多久主要看人与人之间的人情往来。

如果用以上三种人际关系取向类型来审视不同文化的选择，那么东西方的差异是显而易见的。相对而言，在中国社会中，“情感型”和“混合型”人际关系较多。前者处于人际关系的底层，中国人认为情感型人际关系能够满足情感的基本需求；后者处于人际关系的上层，中国人认为混合型人际关系是生存、发展的基本条件。

但是，欧美国家中人际关系多以工具型人际关系取向为主，他们在交际中更看重理性因素，而非关系，很少会为了还人情、给面子等原因去做某事，更多的是公事公办。交易中，也坚持“公平交易”，即使是亲朋好友也要“人”和“事”两清，即把人情和事情分得清清楚楚。在公务处理上，不受感情驾驭，而以客观法则为准，对事不对人，公私分明。

五、文化身份认同

身份认同源于英文 identity，本身有两重含义：一是本体在社会中某些明确的、具有显著特征的依据或尺度，也就是“我是谁”；二是“一致性”，也就是对自己归属的一致性的群体的认知。有对群体一致性的认知，也必然伴随着对他群体差异性的认知。这一词汇着重于文化群体的共同性，而 identity 可以翻译为“身份”“认同”，因此，身份认同也可以叫作文化认同。当前学界关于文化有多种界定，但是文化来源于一个群体成员们的生活方式这个观点受到了绝大多数学者的认同。因此，文化具有群体性的特点。不管从哪个视角看，只要群体形成，相应的文化也会自然形成，一种文化由其所属群体成员创造、继承并发展。也就是说，从这个意义上来讲，人们都属于不同的文化群体，具有不同的文化身份，例如，东方文化（人）、西方文化（人）、中国文化（人）、美国文化（人）等。

当代文化研究之父霍尔认为，文化是那些深层的、普遍的、未曾道出的经验和行为准则。每个人行为的背后都暗藏着所属文化的约束，并且会将此作为对群体内他人行为的评价的准则。这体现的是文化的群体共有性，文化并非个人的，而是群体的，是经由群体内所有成员的传播活动继承、巩固和发展的。所以，文化身份是个人对于所属群体文化的认同，这种文化会体现在群体内个人的语言、行为、思想中，处于同一个群体的人们文化身份自然也是相同的。宏观上看，文化身份是某种文化或某个民族所特有的、与生俱来的一系列特征的总和。群体文化都拥有各自的独特性，这是因为文化是某个群体长时间在特定的历史传统与地理环境中形成的，相应地，群体的文化身份也具有各自的独特性。

民族的文化身份并不完全是由所属民族决定的，也会受到所属民族之外的大环境的影响，相比民族，文化身份的内涵更加广阔。因此，文化身份是属于某个特定文化的，但也是该特定文化影响下的某民族生来就有的一系列特征。文化身份是人身上的特殊印记，自然会影响到人们的跨文化交际，这主要体现在两个层面：分别是文化认同强度和文化身份内容。群体内成员的文化认同程度并不是相同的，有的认同程度高，有的认同程度低。文化身份认同的内容和所属群体内的个人有关，并且与价值观关系密切。对中国文化认同程度高的中国人，其文化身份就是具有集体主义的价值观。在跨文化交际中，我们需要关注这两个层面，不能忽视其中一个，某个交际者所展示出的文化身份并不一定和其所属群体的文化身份完全符合。

第二节 环境因素与跨文化交际

一、物理环境

交际的物理环境对于交际的影响是非常明显的。人们在社会化的过程中学会了在什么样的场景下说什么样的话、怎么说、不说什么，等等。行为的场合具有一种约束力，人们对具体场合中什么是恰当的行为存在共识。在跨文化交际中，对于某一个具体环境，不同的文化会有不同的反应。

（一）自然环境对跨文化交际的影响

自然地理环境对于跨文化交际也有重要影响。在人类学和社会学中，关于自然环境影响的研究一直备受关注。地理和气候等方面存在较大差异的地区，所生活群体的文化和民族性格也存在较大的差异，进而影响到群体成员在跨文化交际中表现的差异，容易导致交际失败。

中国文化同样是由所处的自然地理环境所决定的，农耕文明的基石上延伸形成了中华文明。商周都城大多设立在黄河中下游平原，这片区域气候温和，地势平坦，农耕发达，小农经济下男耕女织、自给自足，所孕育出是统一政权和大一统思想。在这种自然地理环境中形成的生活方式、文化观念和风俗信仰也暗藏于社会生活中。西方国家多位于海边，平原少而地力贫瘠，很难发展农耕业，海面广阔更加适合渔业、航海和贸易，形成了独特的海洋文明。两方相比，西方人更加具备开放精神、冒险精神。同时，地理环境的差异也导致了双方对于同一自然现象的理解的差异。地域文化丰富多彩，因此在跨文化交际中，交际者要更加关注双方民族文化上的不同，减少信息差异，以免由于对某词汇或者事物的理解不同导致交际失败。

（二）人文景观环境对跨文化交际的影响

1. 建筑环境

建筑环境也会影响到跨文化交际。国家或者城市的文化观念对建筑风格及其结构和内部设计产生影响，同时建筑风格和设计也会影响到居住者的性格特征和交际方式。建筑形状、朝向和材料反映出一定的文化环境特征，也会影响人们的生活和行为。如，西方古建筑多由石头建造，中国古建筑多由木头建造，这种不同就表露出了东西方文化、哲学上的不同，蕴含着的思想情感也有差异。

2. 居住环境

中国和美国的居住环境存在差异。美国家庭中各个成员的卧室风格不同，卧室之间距离较大，家庭成员都有独立的私人空间。古代中国往往一个房间具备多种功能，有些房间仅以珠帘分隔。在中国现代房屋布局中，卧室、卫生间、厨房、餐厅等往往围绕在客厅周边，以客厅为中心，这反映的是融洽的氛围，便于人际交流。

3. 交际空间

中西方的交际空间也有各自的特点。中国以家庭为基础结构，更加注重家庭利益的维护，会用墙将自家的庭院与别家隔离开，家有院墙、城有护城墙、国有长城。美国社会中没有这种“墙”的观念，通常会用空间来代替墙的作用，他们会通过空间的设置来维护住宅的隐私。在美剧中我们可以看到，每家每户之间距离较远，草坪、花园等没有围栏。从我们的角度看，这些空间似乎是开放的，彼此之间没有界限。但在美国人看来却是界限明显，他们知道他人的领地范围在哪儿，决不会擅自进入。隐私观不同的中国人和美国人很难理解彼此。人文景观环境被人们所塑造，但是又反过来影响人们的生活方式、价值观、思维方式等，所以对跨文化交际来说有至关重要的影响。

二、心理环境

所谓心理环境，就是我们观察周边的物理环境并对它们产生一定的认知，以及如何利用这些观察和认知的看法。这样，我们与周围的环境一共有五个层次的关联：一是我们对环境有感情；二是我们能够适应环境；三是我们将环境里的某些现象进行分类；四是我们能够对环境进行组织；五是我们能够对环境进行调控。在与对方交流时，了解对方的心理环境能够帮助我们更好地与他人进行人际交往，能够提高我们的跨文化交际能力。在某种程度上，心理环境比物理环境更容易影响人们的交际。下面将介绍有关隐私和时间利用的内容，通过观察这两个内容我们可以察觉到心理环境对跨文化交际的一些影响。

（一）隐私

1. 隐私的界定

不同的人展现出的隐私具有不同的表现方式和程度。隐私与客观环境的关系十分密切，人们往往利用一些环境因素，通过调节控制与他人的交往关系，来展现出不同的隐私表现方式和程度。关于隐私的分类，艾伦·弗曼威斯汀将它分为四类：一是隐居，这是一种与外界隔绝的方式，隐私程度十分高；二是亲密无间，某些人往往只会向特别亲密的朋友说一些有关隐私的话题；三是匿名，人们选择这种方式，往往不希望被其他人发现自己的真实身份；四是自我克制，这是一种心理上的自我克制，避免某些不必要的骚扰。

2. 中西方的隐私差异

由于东西方的地域、风俗、气候等的不同，东西方的很多文化都是具有一定差异性的，隐私也不例外。关于“隐私”的范畴，在东西方文化中略有不同，通过双方对隐私的不同的解释，我们可以发现这些不同点。在中国《现代汉语词典》（第七版）中，“隐私”指人们不愿告人的或不愿公开的个人的事。在这个词语解释中，语句使用了“不愿”二字。在中国人的传统观念中，隐私之事往往表示那些难以启齿的不堪之事。

而在西方的《牛津高阶英汉双解词典》（第六版）中，关于隐私即 privacy 的解释是这样的，freedom from interference or public attention。这个解释的意思是说不想被大众注意到的，不愿意被其他人干扰的自由。其中的“freedom”，意思是“自由”，这是一个中性词，并无其他褒义或者贬义的色彩，这表明了隐私是公民的一项基本权利，受个人自由的意志管理，不应该受到其他外力的干扰。

关于隐私的定义，东方与西方有很大的不同，这主要与东西方的文化差异有关。在西方的文化理念中强调个人，而东方文化强调集体。在中国传统文化中，群体文化备受推崇，个人不是独立存在的，而是与家族集体的命运紧密相连的。

在这种集体文化的影响之下，个人的隐私往往是具有“公共性”的，会受到他人与社会的关心。集体之内隐私是共享的，但是在集体之外，隐私是不能与外人所言的。在集体内部，人们会涉足他人的生活领域，询问一些问题来表示双方之间的亲密感，或者表达对对方的关心，这甚至已经成为社会中一种心照不宣的道德评判标准。例如，我们经常会听到有人问我们：“吃饭了吗？”“今年多大了？”“你现在一个月能挣多少钱？”。在中国，以上这些提问是司空见惯的，这些都是人们常常挂在嘴边的话题，因为我们认为这种话语会使人感到一种归属感，人情味十足。这也是处理人际关系所必需的“程序”，是协调人际关系的必要形式。

西方人十分注重个人隐私的问题，他们崇尚自由与独立，信奉个人主义思想，这与中国的“家文化”观念有很大的不同。中国人互相谈论的一些司空见惯的问题，对于西方人来说是十分不礼貌的。在西方文化中，年龄、工资、宗教信仰、私人友谊、健康状态、财产收入等等都是与隐私相关的话题，如果谈论这些问题，可能被认为是侵犯对方隐私的表现。在西方国家，隐私权被看作神圣不可侵犯的。

3. 中西方隐私调节机制

在东西方文化中，关于隐私的概念与范围有很大的不同，因此双方对隐私的调节机制也有很大的不同。西方人通常使用物理环境来调节隐私，当他们感觉不舒服时，会将自身放置在一个密闭的空间内，将门关闭，以此来保护自己的隐私。当门关闭时，就传达出“请勿打扰”的信息，避免他人对自己的打扰。或者他们也有可能会到一个完全陌生的环境中去，这里没有自己熟悉的人，不会感到任何压力，可以独立地与自己相处。与西方人采用物理环境调节隐私的方法不同，中国人往往采用心理上的自我压制来调节隐私。他们往往不会将自己的喜怒哀乐、个人态度、情感等方面暴露于人前，而是将其深埋在心底，以此来适应群体。东西方关于隐私的调节方式有很大差异，这也与双方的文化差异有关，受到特定文化价值观的影响，具有一定的合理性，并没有高低优劣之分。

4. 全球化背景下的“隐私观”

随着各国之间的交流日益增加，全球化趋势不可逆转，这不仅推动了各国经济上的发展，也促进了各国文化上的交流与碰撞。这些文化丰富多彩，各有不同，在交流、碰撞之中相互作用着，逐渐形成了新的内涵。这些内涵又反过来作用于文化，从而促进文化不断地发展完善，促使它成为被世界各文化主体所认同的全球文化。

随着全球文化不断碰撞与交流，一些全球性的标准与准则逐渐诞生。例如，隐私已经成为一个世界性的话题，因此，在跨文化交际中尊重对方的隐私已经成为一种必要的准则，人们须统一遵守。尽管在某些程度上它们会受到西方发达国家的主导，但是在客观上它还是促进了全球文明的发展与形成。

随着时间的推移，社会的发展，各个国家文化之间的交流越来越密切，不同国家的文化开始逐渐地相互交融。在近代，人们对于隐私的理解与之前已经有了很大的不同。这时候，人们已经不像之前那样总是谈论一些隐私的问题来彰显双方的亲密关系，而是选择一些双方都乐于接受的题材进行谈话。西方人在了解中国文化的同时，也逐渐意识到中国人互相“询问”的初衷，这是一种中国人的表达方式。因此，到目前为止，西方文化中的有关隐私的标准逐渐被年轻人们所接受，他们很大一部分并不乐意回答别人对年龄、工资等的询问。

为了更恰当地处理跨文化交际中的隐私问题，我们应做到：尊重世界文化的多元性，学习和理解他国文化。尊重他国文化，理解异类文化中对于隐私的解读。在包容异类文化的前提下，做到入乡随俗。我们要树立文化平等意识，既不能过分地贬低，也不能过分地崇拜，不要有民族自卑心理，要充分地尊重自己国家与他国的文化。另外，我们还要不断借鉴他国的文化，发展创新本国的文化，取其精华弃其糟粕，互相学习，共同成长。由于不同文化之间隐私的观念不同，我们还要意识到处理隐私的最终目的就是要进行跨文化交流与互动。

（二）时间

时间是不断流逝的，它与具体的物质形态不可分割。在长期的实践过程中，人们逐渐形成了三种时间观，分别是生物时间观、心理时间观和文化时间观。本书主要讨论跨文化交际中的心理时间观与文化时间观。

1. 心理时间观上的中西方差异

文化从其诞生之时，就始终在不断地发展继承之中，绝大多数文化都有三种关于时间的概念，即过去、现在和未来。在不同文化之中，关于这三种概念的选择的级序侧重不同，从而形成了四种不同的时间取向，即零时间取向、过去时间取向、现在时间取向、将来时间取向。

（1）零时间取向，指有些人没有时间观念，对于过去、现在和将来等时间概念并没有很深入的理解和认识。

（2）一些具有过去时间取向的人，往往对过去看得很重，他们经常回忆过去发生之事，将那些记忆铭记在心中。比如，在中国人们在完成某件事情之前，往往要考虑前人是如何做的，有什么经验或者教训等等，他们以过去为标准，完成现今所做的事情，这种始终看过去的时间取向影响着中国人的行为方式和思维习惯。

（3）现在时间取向，在很多文化中，人们通常将“现在”看得最为重要。例如，阿拉伯人就是如此。他们认为“现在”是十分重要的，而那些想要了解“未来”情况的人是不正常的。

（4）将来时间取向，在一些文化中，他们往往将“将来”看得最为重要，他们侧重的是将来时间取向。比如西方人就着眼于未来，这是他们的一种价值观念。

2. 文化时间观上的中西方差异

所谓文化时间观，就是指不同文化的人在面对时间和使用时间方面是不同的。在世界上主要存在三种文化时间系统，分别是技术时间、正规时间和非正规时间。

技术时间，主要是指时间长度的测量方面，这与人际交往并无关系，而只是一种技术上的、无感情的文化时间系统，比如时、分、秒等等。

正规时间，是指遵循的与时间有关的一种习俗、一种习惯，不同文化的人看待时间的习惯是不同的。比如中国古代有二十四节气，这是古代人们看待时间的一种认识，古代人们将自然气候、庄稼的成熟等与时间联系在一起，形成了二十四节气。现代英美人习惯将十年当作一个时间单位，而中国人习惯将五年作为一个时间单位等。

相比上面两种文化时间系统来说，第三种即非正规时间是最难理解的一种文化时间系统。它是指人们笼统提到的时间，其词义往往比较模糊，并不像上面两种那样清晰明了，有着准确的定义与规则，使人一眼就可以看明白。要理解非正规时间，需要看它在什么场景中出现。在不同文化中，非正规时间的使用是不同的。比如，一个印度人要邀请美国人吃饭，他说“随时过来！”，这个非正规时间在双方的文化里有着不同的理解。在印度人看来，礼貌的主人应该让客人自己挑选时间，因此他并没有准确告知美国人具体的时间，而是等待他自己确定。而在美国人看来，印度人并没有告知邀请自己的具体时间，这表明他并不是真心地邀请自己吃饭，而只是客气罢了。

不同文化背景的个人或群体，在对待时间的态度和如何使用时间上都不尽相同，这些态度、行为上的差异有时会给跨文化交际带来很大的困难，所以了解各文化的时间观对我们进行跨文化交际会有很大的帮助。

第三节　心理因素与跨文化交际

心理因素指运动、变化着的心理过程，例如人的感觉、知觉和情绪等，它们往往被称为事物发展变化的“内因”。广义地讲，人的心理因素包括所有心理活动的运动、变化过程。具体来讲，人的心理因素主要有两种：积极心理因素与消极心理因素，它们是相互排斥的。本节我们来谈谈心理因素与跨文化交际之间的关系。

一、积极心理因素

积极的心理因素对跨文化交际起着促进的作用。在当今经济全球化条件下，各个国家之间的交流日益频繁，因此，跨文化交际能力就显得尤为重要。要培养良好的跨文化交际能力，首先要有一个良好的心态，积极的心理因素能够促进跨文化交际能力的培养，而消极的心理因素则会阻碍跨文化交际能力的培养。形成消极心理因素的主要原因是人们内心对于某些文化的偏见与刻板印象，这种思维模式往往会产生某些不良的心理暗示，不利于人们的跨文化交际。

不同文化背景下的人们在交际中只有具备相应的心理意识，提高对文化差异的认识，以尊重、平等、开放、包容的心态进行交际，才能使跨文化交际顺利进行。所以作为跨文化交际的主体，我们应该注意以下几点：

（一）平等意识

在跨文化交际过程中，平等意识十分重要。只有真正地尊重本国文化与他国文化，正确地看待它们，才能更好地进行跨文化交际。这种平等意识主要包括两个方面：一是在文化上的平等意识，不同国家、不同民族的文化是不同的，面对不同的文化我们都要不卑不亢，不因强势文化而谄媚，也不因弱势文化而轻视，做到真正地尊重；二是在人权上的平等意识，在跨文化交际中，要尊重自己，也要尊重对方，无论双方国力高低，在人格上双方是平等的，只有平等地对话，才能够真正地形成一种和谐友好的交际氛围，从而获得交际的成功。

（二）宽容意识

在跨文化交际中，双方都要始终保持宽容意识。由于双方的文化、历史、社会背景等各不相同，在双方交流时互相缺少对各自文化的了解，不可避免地就会做出一些不符合对方文化礼仪的行为。在这种情况下，双方要具备宽容意识，对于一些因文化差异而产生的某些行为进行谅解，从而实现双方跨文化交际的成功。

（三）顺应意识

跨文化交际中，交际双方还应具有语言上的顺应意识。所谓语言上的顺应意识，就是指双方在进行跨文化交际时，要尊重对方的认知情况，不说对方认知情况以外的事情，顺应语境，成功地表达自己的看法。语言顺应主要包括五个方面，即对象、层次、阶段、领悟程度和策略。

只有双方互相尊重彼此，了解对方的文化差异，以一颗尊重、平等、包容、开放的心去适应彼此，才能真正地实现跨文化交际的圆满成功。

二、定式与偏见

（一）定式

所谓“定式”，主要是指人们将某些具有相同特征的人、物、事等看作一个特定的形象，以此来简化认知，加强在头脑中的印象。也就是说，在人们脑中，不同的社会群体具有不同的形象，这就是“定式”。这种对于某些人或者某些群体的一套信念，它们可能是正面的，也可能是负面的。不过，在现在的语境中，思维定式一般是带有负面倾向的。

在跨文化交际领域引入定式的概念，这就是文化定式。所谓文化定式，就是指人们对于某些不同的文化的一种笼统的看法，或者是一个群体对另一个群体的一种比较简单的认知方式。在跨文化交际中，一些学者为了使人们能够更加迅速地了解其他文化，往往会采用高度概括的方式对一些国家文化或者是群体文化进行描述。这样，人们就会在脑海中形成一种深刻的印象，便于人们记忆。例如，在人们先入为主的印象中，法国人浪漫，英国人保守，美国人奔放，中国人含蓄等，这些都是文化定式的体现。

在跨文化交际中，文化定式可以分为两种类型，即他定型和自定型。所谓他定型，就是对于其他群体的定式。所谓自定型，就是某个群体自己对自己的定式。一般情况下跨文化交流中所指的定式就是他定型定式。

在跨文化交际中，文化定式有积极的一面。文化定式的使用有利于人们更加迅速地对其形成一个大概的认知，便于人们记忆。文化定式的形成建立于准确的观察之上，能够反映一定程度上的真实性，便于人们理解。世界上有很多不同的文化，人们不可能认识所有文化。在这种情况下，文化定式能够有效地对陌生信息进行归类，使之更加清晰有条理。从心理角度上看，文化定式容易受到本群体的心理定式的影响，令人产生积极的心理暗示。从行为角度上看，由于文化定式的“预示”作用，它会对人们产生积极的导向，鼓励人们去学习和了解有特色的文化，提高跨文化交际能力。

任何事情都具有两面性，文化定式不止有积极的一面，还有消极的一面。

第一，它夸大群体差异，忽略个体差异，群体是由个体组成的，我们在跨文化交流时，一定是与某个个体进行交流，而不是群体。尽管群体可能具有某个一致的标签，但是每个个体都是不同的。在文化定式的影响下，人们容易“标签化”地看待个体成员，无法正确地与之进行交流，不利于双方的跨文化交际。

第二，在文化定式的影响下，人们还可能会静止地看待文化，不能与时俱进，从而导致某些冲突的发生。任何事情都不是一成不变的，文化也是如此，它是随着时间的推移不断继承和发展的，其形式和内容也在不断地发生着改变。例如，在以前的研究结果中，相比于外国人，中国人比较谦虚，会尽量避免自我称赞。这就使得一些外国人认为中国人始终是谦虚的，久而久之，形成了一种文化定式，将中国人看作谦虚的代名词。但是，最近的研究结果证明在这一方面中国人已经发生了很大的变化。若是外国人仍然以之前的定式看待中国人，那么在进行跨文化交流时，就不可避免地会产生一些误解和隔阂，不利于双方的交际。

第三，文化定式还容易导致“本群体中心主义”。在未添加任何感情色彩时，文化定式是对某一文化的基本认知。但是，当文化定式掺杂了感情色彩之后，那么文化定式就会发展成为对某一文化的偏见。当这种偏见表现在行为上，那么这种偏见就发展成为歧视。歧视的表现就是过分抬高本群体的文化，而贬低其他的文化。这样的行为不仅不利于双方的跨文化交流，甚至还会造成双方之间的仇恨。

第四，文化定式容易忽视不同文化之间的共性。各个民族、国家由于历史、社会、环境等因素不同，其文化也是多种多样的，具有各自的特色。但是，我们不能仅仅关注文化之间的差异，而忽略了文化之间的共性。文化是由人创造发展的，在人类文明发展史上，各民族的人类的文明发展具有很多共同点。在跨文化交际中，要了解不同文化之间的个性与共性，这样才能够更好地进行跨文化交流，避免一些冲突和误解。

因此，教师需要正确地认知文化定式，取其精华，弃其糟粕，从跨文化视角上去看待问题，解决问题。

（二）偏见

定式是在对文化准确观测的基础上形成的，它具有一定的真实性和可信度。但是，文化是不断发展的，随着时间的推移，文化始终在不断地继承、发展、完善之中。因此，文化定式是具有时效范围的，不全面的。在这种情况下，文化定式就容易发展成偏见。所谓偏见，就是一个人或者一个群体对另一个人或者群体的一种偏向的、不公正的态度。偏见，一般情况下感情色彩偏贬义，它是建立在错误观念之上的不正确的态度，常见的偏见有性别偏见、种族偏见、宗教偏见等等。当对某个人或某种文化产生偏见时，就有可能在谈话或者行为中表现出来，给他人带来极大的伤害，也不利于双方的交流。在跨文化交际中，这种偏见甚至还会给自己带来某些负面的想法和感受，影响双方关系。

如果人们对于某种文化存在一些偏见，那么他们就无法正常地看待对方，无法做出正确的判断，从而采取一种消极回避的态度。如果一直采取这种消极回避的态度，势必会影响正常的跨文化交际，也不利于当今形势下国家或民族间的交往。如果我们一直存在某种文化偏见，我们也就永远无法了解交际个体，从而无法取得跨文化交际的成功。

三、民族中心主义

所谓民族中心主义，就是指以自己民族的文化为中心，轻视、鄙夷外国的文化。在看待外国文化时，往往以自己国家文化的价值标准来进行评判，从而不可避免地带有一丝优越感。这种民族中心主义的心理，不仅容易导致对其他文化的排斥感，甚至还会由于轻视他国文化进而产生某些误解，最终导致种族间的竞争与冲突，不利于跨文化交际的进行。

尽管这种民族中心主义，往往并不是赤裸裸地表现出来，但是它经常有意无意地被蕴含在言行举止之中，从而给他人带来不好的印象。例如，在跨文化交际中，与对方进行谈话时表现出来的态度、说话的口气等都会将内心的民族中心主义的思想暴露出来，从而导致交际距离。这种交际距离人们往往难以测量，却能够很敏感地察觉到它的存在。因此，在交际过程，要时刻注意自己的言行，察觉是否有交际距离，这关系到跨文化交际的成败。

当双方在交际过程中产生某些障碍时，就容易形成交际距离。交际距离，实际上就是双方的心理距离。这种交际距离，往往表现为以下几个方面：

第一，漠不关心的距离，当面对不同的文化群体时，往往不会产生好奇或者关心的心理，而是漠不关心，内心无感。

第二，心理补偿的距离，往往在不同文化群体发生某些灾难时产生，这是一种幸灾乐祸的心理。

第三，蔑视反感的距离，当面对不同文化群体时，往往会展现出一种蔑视的态度，或者对其表示出一种敌意。

第四，回避交往的距离，当面对不同的文化群体成员时，往往有意识地回避，不想与其进行交往。

在跨文化交际中，交际距离会带来不好的影响，交际距离越远，差异越大，越容易暴露出民族中心主义思想，双方之间也就越容易产生冲突。民族中心主义思想对于双方都是有害无益的，它使交际不能正常展开，甚至会带来破坏性的影响。在历史上曾经发生的种族屠杀就是其中一例，它只会给人们带来仇恨，影响人们的正常心理与交际交往。民族中心主义思想的三大危害主要是：第一，容易使人们产生一种狭隘的心理，不能正确认识和看待自己民族的文化，也不能正确看待其他国家、民族的文化，这是一种狭隘的、防守的社会认同感；第二，始终坚持自己民族的文化是最正常的、最好的文化，以本民族文化的想法和特征为标准去评判其他的文化；第三，在评判本民族文化与其他文化时，往往崇尚本族文化，贬低其他文化。

我们要始终明确一种理念，即任何一种文化都有其存在的合理性，文化应当是丰富的、多姿多彩的，各个国家、民族的文化并没有高下和优劣之分。当试图去了解其他国家的文化时，我们应当首先了解别国的历史、文化背景与社会生活方式，以对方的价值观念和思维方式去评价和解析，这样才能准确地获知其真正的文化内涵。要学会以对方的视角去看待对方的文化，而不能以本民族的文化为准则去解释他国的文化，评判他人的行为。因此，要克服民族中心主义，就要多多接触不同的文化，拓宽视野，开阔眼界，不要囿于一方之地，坐井观天。只有频繁接触才能消除偏见，克服民族中心主义。

我们在进行跨文化交际的教学时，会碰到各种文化定式与偏见。文化本身随着社会的发展而不断发展，不同历史时期的文化有不同的特点。随着时代的发展，各种文化都处于一种变化的过程中。在现代信息社会中，在开放、合作、和平、发展的全球化国际大背景下，要顺利进行跨文化交际，就必须理解其他国家和民族的文化，如果仍然按照文化定式去交际就无法正常、有效地进行沟通。我们要用辩证的、发展的观点来看待问题。除此之外，我们还应该对双方文化有适度的了解，这有利于帮助学生提高对目的语文化的理解和认识，能够让他们对目的语深层文化有更多了解，从而更好地进行跨文化交际。

四、思维方式

每个人都是独立的，他们的思维方式都是不一样的。但是，由于历史、地理及文化背景的相似性，同种文化的人们其思维方式具有相似性，带有其民族独有的特色。由于不同的思维方式，不同文化的人们对于某一事物可能具有不同的理解。

东西方的文化有很大的不同，其思维模式也具有很大的差别。东方认同集体主义观，他们的思维模式具有直观性、综合性、整体性的特点。而西方重视个人，他们的思维模式的特点是直线性、逻辑性和分析性。

东方人比较注重直觉感知，更看重内在与外在的真实统一，他们不怎么注重逻辑分析，常常依靠直觉去思考和发现。而在西方国家，他们比较注重科学性归纳，强调在实验中解决问题，实用和功利主义思想盛行，这与他们的思维方式也有很大的关系。他们注重逻辑思维，看重实验、归纳和可操作性，将一些事情拆分成小部分来讨论与解决。

不同的文化，其思维差异有很大的不同。如果双方不能充分理解对方的差异，那么在跨文化交际中就可能会说错话，从而导致误会和冲突。例如中国人有时会说“你妈妈真年轻，就像你姐姐一样”。在我们看来这是明显的称赞对方母亲年轻的表示，而西方人则会认为这说的是自己看起来比实际年龄老。

除此之外，西方崇尚“线型”思维，其主要特点是用一元一维直线思维处理各种问题，又称“直线思维方式”。他们倾向于将多元问题一元化，复杂问题简单化；将问题的性质都看成非此即彼，凡事必须做出明确的“是”“非”判断，非黑即白。这就难以避免主观性、绝对化和片面性。从某种程度上看，这是西方的逻辑推理思维过度强调精确的外化。诸如“韬光养晦”之类的包含着中国传统辩证思维的成语名言，单纯用线性思维和主观思维是无法理解的。美国国防部对“韬光养晦”所用英文为“hide our capabilities and bide our time”，意即“掩盖自己的能力，等待时机东山再起”。此后数年美国政府均采用同样的英文表述。另外还有一些英文书籍或文章译为“hide one’s ability and pretend to be weak”或“conceal one’s true intention”或“hide one’s ambitions and disguise its claws”，以上解读显然是没有正确地把握词语的真正含义。中西语言思维的差异致使双方在对文本的理解上有了偏差。

由于思维的不同，东西方的语篇结构也是不同的。因为语篇结构与思维方式之间有着一定的联系，其思维方式往往影响着语篇结构的构造。比如韩国人的思维方式往往是从具体到抽象，从个别到一般，而美国人则是与之相反的。韩国人使用英语写作时，使用的仍然是韩国人的思维方式。当美国人阅读时就容易感到思路混乱，含糊不清。因此，要提高跨文化交流水平，就需要加强对东西方文化思维的认识和了解。

在跨文化交流中，由一种思维方式组织好的语言信息，在被不同思维方式的人接收之后，其原文的信息就可能发生变化，从而产生误解。因此，要正确看待双方的思维模式的不同，互相尊重，提高双方的跨文化交流能力。

第五章　大学生跨文化交际能力的培养

目前，全球化趋势越来越明显，各国之间的交流日益增多，各国的文化正处于不断的渗透、融合之中。中国大学生要想跟上时代的发展，就需要培养自己的跨文化交际能力，这不仅是国际发展的必然趋势，也是大学生寻求自身发展的必然要求。本章分别对跨文化交际能力的相关知识、大学生跨文化交际能力的培养策略和测试与评估进行阐述。

第一节　跨文化交际能力概述

一、跨文化交际能力的相关概念

（一）交际能力

交际能力，是指运用某种语言与他人进行社会交往的能力，其中包括传递信息、交流思想与感情等等。在培养交际能力的过程中，语言能力十分重要。关于语言能力，其说法有很多种，乔姆斯基认为语言能力是人们所具有的一些语言知识，包括词汇、语法、语音等一系列的规则体系。主要表现在以下几个方面：

（1）能够区分句子是否合乎语法；

（2）能够区分句子中的语法关系；

（3）能够正确组合语素和声音；

（4）能够区分句子中同一结构的不同歧义；

（5）能够区分相同或相似结构中的意义不同的句子；

（6）能够区分不同结构中意义相似或相同的句子；

（7）最重要的也是最根本的一个方面就是要能够运用语言规则创造出无限的句子供己使用。

美国社会语言学家海姆斯的看法与乔姆斯基不同，他认为语言能力不仅仅只是指某些语言知识或者说出语法正确的句子，还包括对于语言的正确运用能力，在不同的场合、地点，面对不同的人，都能够运用语言能力进行交际。

海姆斯在提出这一概念时侧重语言的得体性，也就是在语言使用的时候，应该更注意符合具体社会环境的要求，即时间地点、交际对象、内容以及谈话方式等。他认为交际能力应该包括三个方面的内容：

（1）语法的正确性，即语言形式要正确。

（2）语言的可行性，即交际对象在心理上的接受度。

（3）语言的得体性，即交谈时要根据具体环境和对象选择得体的语言。

（二）跨文化交际能力

由海姆斯的交际能力可以看出，交际能力会受到不同文化环境的影响，克莉丝汀·波尔斯顿认为，所谓跨文化交际，就是两个具有不同文化背景、不同交际能力的人进行的交往，在这个过程中，双方可能会产生一些误解和分歧，这主要是由于双方在文化上具有一定的差异。因此，仅仅具有某种特定文化背景下的交际能力，并不能确保跨文化交际的成功实现。

跨文化交际能力是由金洋咏提出的，他将跨文化交际能力区别于特定文化下的交际能力，并将跨文化交际能力作为跨文化交际获得成功的必要条件。所以我们应当看到跨文化交际能力是从特定文化的交际能力基础上发展起来的，它要求交际者超越特定文化的限制，摆脱单一文化模式的思维习惯，是一种更高层次的交际能力。

总之，跨文化交际是一种综合能力，这种综合能力由几种能力综合而成，这几种能力主要为以下几种：

1. 言语交际能力

言语交际能力，顾名思义，就是人们运用言语进行交际的能力。它不仅指一些必需的语法知识，还包括对于语言的运用能力，即什么场合、什么时候、面对什么人、应该说什么话语等等。

在跨文化交际能力中，言语交际能力是核心和基础。因此，要培养跨文化交际能力，对于言语交际能力的培养应该居于首位，它也是最为重要的。

2. 非言语交际能力

非言语交际能力，是对语言交际能力的辅助，它与语言交际能力共同配合跨文化交际能力的使用。而且，在使用言语交际能力过程中，当遇到障碍时，非语言交际能力可以对其进行代替或挽救。另外，在交际过程中，人们往往比较重视言语是否合适，是否正确，而总是忽视非言语的某些行为。正是由于人们对于非言语交际行为的忽视，在跨文化交际过程中，更容易产生某些误解和冲突。

3. 语言规则和交际规则的转化能力

交际规则，指在交际过程中人们互相遵循的行为准则，这些人们互相交往的行为准则，指导着人们的交际行为。在不同的文化中，其交际规则是不同的。语言规则，指词汇、语法、语音等一系列规则体系。

在交际过程中，参与者受到交际规则与语言规则的双重制约。在不同的文化中，其交际规则是不同的。要想实现双方的友好交际，就需要学习语言规则和交际规则的转化。只有学习了解了双方语言规则和交际规则的转化，培养了两种规则的转化能力，这样，才能够真正成功地实现跨文化交际。

在跨文化环境中进行交际时，语言规则与交际规则都要进行转化，但是交际规则的转化更重要，也更加困难。所谓交际规则的转化，就是指要对跨文化语境中的交际方式与行为进行转化，合理正确地处理不受文化差异影响的风俗习惯、思维方式等等，避免因为文化差异引起诸多的误差和分歧。

4. 文化适应能力

文化适应能力，是指人类到达某一个新的、陌生的地方时，对新的文化环境的适应能力。当人具备文化适应能力时，无论到达什么地方，他们都能够尊重当地文化，客观地认识到当地的新文化对于自己的思维、行为举止、思想等方面的影响，同时不断调整自己，使自己逐步适应新的文化环境。另外，我们在到达新的文化环境中时，还要做好准备，对于可能发生的某些文化差异的相关问题进行预防处理，避免文化冲突的发生。

在跨文化交际能力发展过程中，其大致发展层次主要分为以下三个方面：

（1）认知层面，指的是跨文化理解力。在跨文化交际过程中，首先应该具备的便是跨文化理解力，人们首先要对异文化进行认知理解，然后改变自己对其的观感，之后才能更好地与之进行交际。跨文化理解力是我们进行跨文化交际的前提。

（2）情感层面，指的是跨文化洞察力。跨文化洞察力，是指在不同的文化背景或者特殊情境之下，人们在进行互动时的情感变化。一个具有跨文化沟通能力的人，能够在互动的前、中、后，投射并接收到正面的情感反应。在接收到这种正面的情感反应后，人们便会形成对这种文化差异的认同感。

（3）行为层面，指跨文化效力。这代表的是跨文化交际能力的行为面，是指达成工作任务或交际目的的能力。

二、跨文化交际能力的构成要素

跨文化交际能力到底由哪些因素构成，前文中第二章有简单提到，这里列举不同学者不同的视角解读观点。

（一）斯皮茨伯格的跨文化交际能力模式

布瑞恩·斯皮茨伯格提出，跨文化交际能力的模式中含有三个系统：情节系统、个人系统与关系系统。其中，情节系统是指在某个特殊情节下，交际者双方成功交际的特征。个人系统是指个人完成的某些对成功交际有帮助的特点，主要包含三个方面，即知识、技能和动机等。关系系统，是指对跨文化交际过程中的整个关系范畴有帮助的部分。这三个系统是相互联系的关系，其中，对于情节系统来说，个人系统是基础；对于关系系统来说，情节系统是它的组成部分，情节系统的总和构成了关系系统。即个人、情节、关系，这三个系统是层层递进的关系。当一个人具备了个人系统之后，他就更有可能在特定情节下成功完成交际活动。而当他能够在大多数情节下进行成功的交际，那么他也就具备了良好的关系系统。

（二）米迦勒·拜拉姆的跨文化交际能力模式

米迦勒·拜拉姆认为跨文化能力与跨文化交际能力是不同的，具有一定的区别。在他看来，相比起跨文化能力，跨文化交际能力对外语教学提出了更高的要求。要培养学生的跨文化能力，学生要学习与文化有关的相关知识、技能和态度。而要培养学生的跨文化交际能力，学生还需要具备更多的准备条件，其中包括语言能力、篇章能力、社会语言能力等等。学生不仅要掌握与语言有关的知识，还需要具备交际技能，并对相关的文化有一定了解。教师要培养学生的跨文化交际能力，仅仅在课堂上教学是不够的，还需要学生多多参与实践，在实践中不断提高自己的跨文化交际能力。

米迦勒·拜拉姆提出跨文化交际能力（ICC）理论模型，包括态度、知识、技能和文化批判意识，一方面将基于交际法的语言教学模型中的交际能力培养概念融入其中，另一方面将政治教育和文化批评意识置于跨文化交际能力理论模型的核心位置。

在米迦勒·拜拉姆的跨文化交际能力理论模型中，态度主要是指对待我文化与他文化的情感差异。要实现跨文化交际，首先就要端正自己的态度，要尊重他文化，同时也不能贬低我国的文化，要树立文化平等意识。要保持一个积极开放的心态，以正确的态度去深入了解其他国家的文化，多参与各种活动，增强与其文化的交流互动。这意味着，愿意用他文化去比较自身的价值观、信仰和行为，而且不再假定它是唯一和正确的，能够客观地从其他文化的角度看待自身的价值观、信仰和行为。

跨文化交际能力理论模型中的知识是指对自己国家的文化和对象语国家的文化有所了解，还包括对个人和社会层面上的交流互动过程的认识。这种了解和认识可以具体为：对于自己国家与对象语国家的文化的看法，不同文化之间的差异与产生误解的原因，对自己国家和对象语国家的交往历史的了解，了解当前对象语国家与自己国家的交往现状，等等。

跨文化交际能力理论模型中的技能是指运用已知的知识对一些文献和事物进行理解的能力。其中技能共包括两个方面：一是解读和联系的技能，二是发现和交往的能力。所谓解读和联系的技能，就是指能够将文化及其相关文献资料等联系起来并进行分析和解读的能力。所谓发现和交往的能力，就是指能够发现对方文化的一些新知识，并将其应用于实际的能力。要培养学生的技能，就要着重培养其文化敏感性，这也是培养学生跨文化交际能力的前提。

文化批判意识，是指要批判性地看待本国文化与他国文化，在一个比较明确的标准下对其进行评价鉴别，正确认识文化。另外，文化批判意识还可以用在跨文化交际中，运用自己的技能和知识来进行有效的合作互动。

米迦勒・拜拉姆认为跨文化教育应该培养学习者强烈的文化批评意识，使其能够以开放、灵活、有效的方式进行跨文化交流，使其在跨文化交际中建构自我认同。最终的目标是使学习者能够根据来自自身文化和其他文化的外在显性标准、洞察力、实践和结果来客观评判文化问题。文化批评意识可以从教育中获得。要培养学生的文化批判意识，不能仅仅依赖校内教育，还应该在校外教育中实施教学。校内的教育又可以分为课堂教育和第二课堂的教育。要在一个模拟的多元的文化环境中，不断地锻炼学生的跨文化交际能力。

（三）贾玉新的跨文化交际能力模式

贾玉新在综述国外研究成果的基础上，重新组合提出了跨文化交际四种能力系统的模式。

1. 基本交际能力系统

基本交际能力是由交际个体为实现有效交际所应掌握的包括语言能力在内的、与社会或文化规范相关的交往能力组成的，包括语言和非言语能力、文化能力、相互交往能力和认知能力。

2. 情感和关系能力系统

情感能力，简单来说，就是将心比心，换位思考。当别人身处某种境地时，能够充分地理解别人的处境。在中国传统文化中有“先人后己”之说，这就是人们能够设身处地地理解别人的表现。

关系能力指的是在交往中使用正确的交际策略的能力，如：交际双方应以产生共识为前提，采取有效策略满足彼此自主和亲密交往的需要，建立良好的关系，强化未来的进一步交往。

3. 情节能力系统

情节是某一特定文化环境中一整套的交流惯例，是可以辨认开始与结束的序列，可重复，可预测。

4. 策略能力系统

所谓策略能力，就是指在面对某些困境时能够采取一定的措施来走出困境的能力。在这种跨文化交际能力模式中，此处的策略能力主要指的是当在跨文化交际时，由于语言、能力等问题而产生某些误解与冲突时，能够采取某些策略进行补救的能力。如当语言局限表达时可在双方共享的语言中选择转接词或用近似语来弥补因语言能力不足带来的词语或语篇空白；或者交谈双方共同努力利用彼此已有的语言知识、文化知识共同解决交流障碍。

第二节　大学生跨文化交际能力的培养策略

一、大学生跨文化交际能力培养的重要性

（一）消除文化“失语症”和“自闭症”

要培养大学生的跨文化交际能力，首先就应当加强母语文化教育，增强大学生对于中国文化的了解和认识。只有大学生深入了解了中国的传统文化，增强了文化自信，树立了文化平等的意识，他们才能更好地提高自己的跨文化交际能力，消除文化“失语症”。在现实生活中，即便一些学者英语水平很高，但是他们仍然无法很好地用英语表达母语的文化，这种状况不外乎两种原因：一是他们对于中国文化并没有很深入的了解，即便是使用汉语也不能很清晰地表达出中国文化的某些概念；二是他们不知道如何使用英语表达中国的文化。这种母语文化失语症在日常生活中很常见，是一种普遍存在的现象。这个现象充分暴露出我国大学

英语教学的一些缺点，即在进行英语教学时，只重视英语语言文化、技能的输入，而忽略了对于我们的母语文化意识的培养。在这种情况下，学生只能使用西方的语言解说西方的文化，却无法使用西方的语言解说我们中国的文化。即便在外国听到某些人对于中国文化的误解，学生们也不能对此很清晰明确地表达出自己的见解。如果学习外国的语言，仅仅作为西方文化的传声筒，而不能清晰地表达自己的文化，那么这会带来多大的坏处。若是长此以往，后果不堪设想。

因此，要想消除母语文化失语症，就应该在大学英语教学过程中加强对母语文化的教育，引导学生更加深入地挖掘中国文化，培养学生的文化平等意识，增强他们的民族自豪感。要在英语专业文学课堂上，加入一些中国文化的元素。一是增设有关中国文化的相关英语辅修课程；二是在文学课程大纲中添加一些能够展示中国文化的优秀的英语文化作品，如英语国家中华裔所作的作品，中国作家的英文名著，等等；三是要注重实践，增强英语文化与母语文化的双向交流。

目前，世界全球化趋势明显，各国的经济、文化等交流日益增加，要想实现跨文化的交流，就一定要保证双方平等的交流，这样才能够实现双赢或者多赢。除母语文化失语症外，在跨文化交际能力培养过程中，还有一个比较严重的病症便是“文化自闭症”，这也是一种比较普遍的现象。“文化自闭症”并不是指对于母语文化的固守，对英语文化的排斥，而是指斩断英语文学与其他文学的联系与交流，将它放在一个密闭的空间内进行单向度诠释。这种“文化自闭症”在我国的英美文学教师中比较普遍，在他们看来，英美文化与英美文学二者构成了一个独立的文化实体，双方互相联系，互相补充，自给自足，与其他类的文化形态并无关联。因此，在高校的英美文学教学过程中，教师往往只涉及英美文学本体，并不谈论其他国家或地区的文学或文化，将它们排斥在外。在这里，这些其他的国家或地区的文化或文学，不仅仅包括英美之外的其他国家的文化与文学，也包括中国的文化与文学。这种“文化自闭症”的倾向，不利于学生对于英美文学与文化的全面建构，并与当今世界全球化的理念相背离，不利于学生跨文化交际能力的培养。由于在英美文学中缺乏大量阅读，或者学生缺乏学习热情，从而使得文学的学习理解与分析演变为死记硬背，在一定程度上导致了这种“文化自闭症”的产生。要想解决这个病症，教师就要始终坚持系统性原则，从教材选用开始，结合授课时间与文本内容选取具有系统性的、适合学生的教材，在教学实施过程中，适量地加入一些文学比较研究的内容，向学生讲述他国的文学与文化，使学生在头脑中形成一个比较完整的全面建构。在多维度文化教学的过程中，教师应该由浅入深，分层导入，首先向学生介绍较为简单有趣的内容，引起学生的学习兴趣，然后再向学生介绍具体内容。另外，教师还要多多鼓励学生进行互动，将本民族的文化带进外国文学的课堂，通过讲解、比较培养学生"文化移情"的能力。

要消除"文化自闭症"，除了上述方法之外，还要培养学生的跨文化伦理思辨的能力。在海外华人文学中，跨文化意识中存在着一些"异"视野和"异"形态的概念，这些概念能够帮助人们更好地理解在英语专业文学教学中应该持有的文化态度。一些海外华人作家具有很强的跨文化意识，他们从自身的文化视角去理解自己国家的文化，然后又将这种认知作为基础，去理解他国的文化。在这种基础上，他们能够更加有效地去接纳别人的情感，发现其中的差异，并理解其中的互补性和相通性。对于不同的文化具有不同的感受，我们可能会产生积极的感受，也可能产生消极的感受。当在感知他类文化时，我们要避免将其"异类化"，这样才能正确地认识他类文化，同时尊重自己的文化，认同自己的文化，对任何文化都不要产生鄙夷或者崇拜的情绪，树立文化平等意识。在英语文学教学过程中，教师引导学生阅读海外华人的相关文学，有助于他们培养良好的跨文化意识。在海外华人的文学作品中，往往既表达出作者想要与"异"沟通的愿望，又表达出维系自己的民族文化之根的忧虑。这就要求作家具有敏锐的洞察力和开放的胸襟，从自己民族的文化传统出发，去拥抱和接纳具有世界性的普遍性价值。

（二）达到《普通高等学校本科专业类教学质量国家标准》的要求

为了培养学生的跨文化交际能力，国家将它作为了一个标准的外语类专业学生应具备的基本能力要求。在 2018 年，教育部发布了《普通高等学校本科专业类教学质量国家标准》（以下简称《国标》）。其中，专业核心课程应包括文化类课程，这充分说明了在高校英语教学中引入跨文化交际能力培养的重要性。《国标》对于外语类专业人才给出了具体的培养方向。

1. 培养目标

对于外语类专业来说，它的培养目标主要是培养具有扎实的外语专业知识与能力、能够对外交流、具有良好综合素质等各种外语语种专业人才和复合型外语人才。

根据这个培养目标，各个高校应该要结合实际，根据自身办学的实际情况以及培养人才的相关定位，制定更加细致的、合理的、符合实际情况的培养目标。在制定培养目标时，各个高校要积极地适应社会、经济和文化的发展需要，并进行不断的调整，以满足各方需求。

2. 培养要求

（1）素质要求

对于外语类专业学生来说，要具备正确的三观，要具有社会责任感，还要具有国际视野以及基本的学科素养。

（2）知识要求

外语类专业学生需要掌握各种知识，不仅要了解外国的语言知识，还要了解外国的文学知识，熟悉中国的语言文学知识，了解相关的专业知识，形成跨学科的知识结构。

（3）能力要求

外语类专业学生还要能够灵活地运用外语语言，具备跨文化交际能力、文学赏析能力、自主学习能力等等。

外语类专业学生要掌握跨文化的理论知识与分析方法，将中国文化与他国文化进行比较分析，分析中外文化的相同点与不同点，总结其基本特征；外语类专业学生要尊重不同国家和地区的文化，树立文化平等意识，具有跨文化的同理心；外语类专业学生要能够对不同的国家的文化现象与文学作品进行评价，具有批判性文化意识；外语类专业学生要能够进行跨文化沟通与交流。

在高校进行英语教学的过程中，要时刻遵循《国标》的要求，培养学生的跨文化交际能力。这不仅迎合了当今社会的发展需求，也能够提高高校英语教学的质量。目前，在高校英语教学中，教师往往只强调英语语言的单词、词句等的理解，侧重于听、说、读、写的练习，而并不注重培养学生的跨文化交际能力，认为其并不能提高学生的英语应用能力。实际上，培养学生的跨文化交际能力对于学生的英语水平的提高是十分有帮助的，不仅有助于对词汇、语法的掌握，还能增强对文章的理解。此外，培养学生的跨文化交际能力，还能够帮助学生化解一些由于对英语文化知识的缺乏而造成的交流障碍。因此，培养学生的跨文化交际能力，对学生来说有益无害，应当大力推行。

2018 年，《中国英语能力等级量表》正式公布，这是国家推行的一种有关语言文字的规范。它通过对学习者的英语能力分级来对其英语能力进行评判。它将学习者的英语能力分为三个阶段，这三个阶段分别为基础、提高和熟练。它还设了九个等级，对不同等级的英语能力进行全面、清晰的描述与判定。在这个表中，英语能力包括与英语有关的各项能力，如阅读理解能力、书面表达能力、语用能力、口译能力、听力理解能力等等。其中，语用能力包括语言应用能力、文化意识以及跨文化交际能力。

通过上述所知，跨文化交际能力十分重要，是新时代大学生应当具备的素质，也是大学生在外语专业课上必须要学习的一种能力。

二、大学生跨文化交际能力培养的主要模式

跨文化交际能力已经成为当今世界一种重要的不可缺少的能力，关于跨文化交际能力培养的理论研究和实践培训，很多学者从不同角度提出了各自的模式。这里，我们介绍三种主要的模式：

（一）构成三分模式

构成三分模式，顾名思义，是指将跨文化交际能力主要分为三个层面，即认知、情感和行为。其中认知层面主要是指学生对于其他文化的了解，以及学生对自己本身的价值观念的意识；情感层面主要是指学生对于其他文化的评判能力、共情能力等等；行为层面主要指在跨文化情境中建立关系、解决问题以及完成任务的能力。

由于构成三分模式是在心理学的基础上构建的，从心理学的视角对跨文化交际能力进行分析，提供了一个心理学理论维度的跨文化交际能力的框架，给跨文化交际能力指出了更加明确的方向。

（二）行为中心模式

行为中心模式，顾名思义，是指要始终以行为为中心，即始终坚持培养实践能力。在跨文化交际能力培养过程中，要时刻关注“有效性”或“功效”。其中，功效主要是指跨文化的外部结果，即跨文化交际过程中具体表现的状态，如人际互动、个人适应、任务完成情况等等。在功效中，任务完成是最重要的一个。人际互动和个人适应在任务完成之前，它们能够帮助人们更有效地完成任务。

这种培养模式在中外企业员工培训中被广泛应用。例如，中国某个企业需要派遣职员去美国当地一公司交涉合作事项，那么该企业则需对所要派遣的人员进行美国商业协商、宴会等正式场合礼仪等的培训，使其具备相应的商业交涉能力，并能在与对方企业的交涉中表现出得当的言行举止，以保证商业合作的成功。

由于行为中心模式是以具体行为目标为基础的，它可以在短期内获得显著的成效，故而特别适合于那些需要派遣人员去其他文化环境工作的机构对出国人员进行短期培训。但是，在一般的教育情境中，学生所要学习的目的文化和行为目标都不明确，也就是说，其今后所要从事的工作及需要进行交流的对象都是不得而知的，因此难以进行有针对性的文化培训，同样地，也不能制定出有效的检测内容和方式。

（三）知识中心模式

知识中心模式，和行为中心模式类似，都是着重关注实践能力的培养，以它为中心。现今我国的外语教学过程中占主导地位的便是知识中心模式，它十分受人们的欢迎。在外语教学实践过程中，它强调传授文化知识并进行测试。

由于这种模式主要集中在认知层面，它比较容易设置、易于操作，相比起其他模式更容易受到教师的欢迎。例如，在学校中可以专门设置如亚洲艺术欣赏、欧洲历史文化等课程，以纯粹的知识传授为目的，从而使学生对此类文化有所认知。

不过，虽然该模式较易实施，但单纯的知识灌输往往枯燥乏味，难以激发学生的学习兴趣，也不利于学生将其应用于实际的情境中。同时，文化具有极其明显的多元性，即使是单一国家的文化的某一方面，也是值得学者们终其一生去研究的，故而只是依靠课堂教学或书本学习等知识灌输，是不足以使学生真正掌握某一种文化的。比如，许多国家的餐桌礼仪都可以看作一门博大精深的学问，其中所牵扯到的社会人文因素亦是不计其数，但若是作为一门课程来教授，由于课时的限制、内容覆盖广度、学生理解力的差异等因素的制约，授课内容只能略涉皮毛，难以深入。另外，文化亦是不断发展的，而过于依赖教材和课堂等单一教学方式的知识中心模式，就不免会落后于时代的脚步。

总之，跨文化交际能力的培养在当今的时代背景下已成为日益重要的课题，而现有的几种跨文化交际能力培养模式皆各有利弊，因此在真正的教学实践中，我们应注意选择合适的模式。同时，由于现有的模式无法满足时代的需要，我们也应该着力于开创新的、更完善的跨文化交际能力培养模式。

三、大学生跨文化交际能力培训的具体方法

（一）试错法

“试错法”是波普尔对“尝试与消除错误的方法”的简称。在他看来，科学就是在不断地猜测、试错、消除错误之中发展完善的。在科学发展过程中，人们首先提出某些猜测，通过对这些猜测进行实践试验，判断其正误，然后消除其中的错误，然后继续进行下一轮的猜测。科学就是在猜测、反驳的反复持续运用过程中不断发展的。

如果对试错法做一个具体的概念叙述，那么试错法就是在追求目标的过程中进行的一种试验方法，通过不断的试验，最终消除误差。试错法，是一种纯粹的经验学习法。主体行为失败还是成功，与试错法达到中间目标的过程评价和趋近目标的程度有关。当试错法趋近目标时，它将这个信息传送给主体，主体就会继续采取这种成功的行为方式；当试错法偏离目标时，这个偏离目标的信息就会被传送给主体，主体就会避免采用失败的行为方式，转而采取其他的行为方式。在

不断试错的过程中，主体会不断转变自己的行为方式，最终达到目标。著名心理学家桑代克运用猫的试验为试错法提供支持：饥饿的猫被关在笼子里，在笼外食物的诱惑下，经过多次尝试并最终“学会”“打开”笼门。

在试错过程中，选择一个可能的解法应用在待解问题上，经过验证后，如果失败，选择另一个可能的解法再接着尝试下去。整个过程在其中一个尝试解法产生出正确结果时结束。

试错学习在国际汉语教学中的表现，可以根据桑代克的“试错学习”理论归纳出三条学习定律：准备律、练习律、效果律。这种学习方式被普遍运用在教学过程中。我们可以结合这些学习定律，来进行国际汉语教学。

第一条是准备律，学习者是否会对某种刺激做出反应，同他是否做好准备有关。这在汉语教学中需要师生双方的配合。首先，汉语教师在授课内容和方式上要做足准备，以达到引起学习者兴趣、满足其需求的目的。例如，选好课件，准备相关辅助工具，在教室里装饰有中国特色的物件等。其次，学习者需要提前预习学习内容，明白学习目标，做到心中有数。在双方的前期准备下，汉语教学才能更顺利地进行。

第二条是练习律，经过不断练习和尝试，在错误中找到正确的答案。汉语国际教学中，教师应鼓励学习者开口说话，多次重复。熟能生巧，学生的多次练习有助于其发现发音规律。若其出现错误，除非是特别明显的重大错误，否则不要去直接改正。要通过教师领读与学习者跟读来让其自己发现错误，并能够自己找到正确的发音。这是多次练习与试错的重要环节，让学生自己摸索，改正错误，最终深刻记住正确发音。

第三条是效果律，学习在反应对环境产生某效果时才会发生。若反应结果是令人愉快的，那么学习就会发生；若反应结果是令人烦恼的，那么这种行为反应就会削弱。当对外汉语教师与学习者对话时，积极对其答案表示肯定与奖励，可以是言语上的鼓励或是实质上的奖励，使其受到正面反应，激发学习者的积极性，提高课堂效率。即使遇到学生犯错，也应从正面进行引导，尽量达到积极效果。

总之，试错学习在汉语国际教学中是鼓励大家练习、犯错，并能渐悟，在错误中逐渐学习。

（二）分析原因的训练法

跨文化交际的范畴中，分析原因的训练的概念，起源于布雷斯林对跨文化训练方式的总结和归纳。他将跨文化训练方式总结为六类：以提供信息为主的训练、分析原因的训练、提高文化敏感的训练、改变认知行为的训练、体验型的训练和互动式的训练。

分析原因的训练是一种案例分析的训练方式。进行分析原因的训练，其做法一般是首先对于某一国家的某个文化冲突的事件进行叙述，然后针对它提出几种不同的解释。学生从中找到看起来比较合理的解释，然后与正确答案进行比较讨论。学生通过对某些案例进行观察和分析，最终找到其中蕴含的文化要素或者问题点，训练自己的思维方式，锻炼自己解决这些问题的能力。

在分析原因的训练方式中，由于是针对某一特定事件展开分析比较，所以事件的选择对于能否有助于受训者跨文化交际能力的提高显得尤其重要。在选取冲突事件时，应该做到：

1. 事件具有典型性

事件的选择必须具有典型性，被训练者在参与到典型的文化冲突事件的过程中，发掘具有代表性的蕴含在社会文化环境中的信息，此后可以直接运用于跨文化交流的情境中，从而产生良好的训练效果。

2. 事件具有比较性

训练者可以提供一些与在异文化中真实的生活方式有关的，被这种文化的成员所遵循的信息和模式，但更重要的是鼓励受训者用自己的文化背景进行相互之间的比较分析。有比较才能有鉴别，所选择的冲突事件必须具有两种文化的强烈对比，才能让被训练者发现本国文化与异文化之间的异同，从而加深对跨文化的理解。

3. 事件具有相关性

事件内容要与课文主题关联，针对跨文化交际能力的培养展开，以便于课堂教学形成系统的知识体系。例如，教师在学习中国传统文化背景中穿插电影《喜宴》《刮痧》的播放，让学生分析这种文化冲突事件。用这种与本课主题相关的事件进行归因训练，使受训的学生在分析探究的基础之上更深层次地理解两种文化之间的差异，在文化模拟的氛围中得到跨文化交际能力的提高。

选择合适的典型冲突事件，并对该事件的材料进行归因训练，从而使学生得到内化了的知识，避免学生因文化知识的灌输而产生刻板的印象。

三、大学生跨文化交际能力提高的建议

（一）促进学生文化多元主义思想的发展

1. 培养学生积极看待异文化并促进其对自我价值的认识

对于英语专业学生来说，他们大多对英语国家的文化只有粗浅的了解，也少有与来自英语国家文化人员的交往。因此，应当引导学生先假设来自异文化的对方是善意的，是寻求理解和交流的，再假设异文化和中国文化在深层次上有很多共同点。这样积极地看待异文化及其成员的态度，也会辐射到跨文化交际的对方，促进双方好感与信任感的建立，形成一种有益的跨文化交际场景，促进跨文化交际的良性循环。这样，在这个过程中，即使出现文化差异或令人困惑的情况，双方也能遵从与人为善的原则共同找到解决办法。

要培养英语专业学生对英语文化的积极态度，使他们对自己尚不了解的陌生的人和事物首先假设其为“善”和“好”的，这种思想符合儒家思想的“性本善”理念。我们可以理解为，不同文化人员其本性首先是善的，虽然各文化的习俗、文化的表象相互差异，但是人们的本性相通相融。有了这样积极的假设，即使在跨文化交际中遇到困惑、矛盾甚至冲突，也会让人有信心去面对、去解决。相反，如果在跨文化交际尚未进行之前，就假设来自异文化的他者是“性本恶”，处处疑心、设防、过分敏感、封闭自己甚至主动攻击对方，这样就会对自己的跨文化行为产生极其负面的影响，很容易形成“自我实现的预言”。

一个人怎么看待自己，那么他也会怎样看待异文化。因为，“如果一个人连对自己都认识不足，便不能理解与自己存在差异的他人，不能主动地、自如地去了解他人的思维方式和规范”。

如果一个人自己十分自卑，无法正确认识到自己的价值，那么他也无法正确看待与自己国家相异的文化。对于民族主义思想来说，它容易形成文化自卑感，不利于文化多元主义思想的形成。例如，在一些外语专业（尤其是学习英语和欧洲语言专业的学生）学生中存在着这样的现象，即他们对美国、英国和其他欧洲国家极端崇拜，这种现象被称为逆向民族主义思想，这种思想严重妨碍学生的跨文化能力发展。只有在学生充分认识到自我的价值，才更容易向来自异文化的人开放自己。相反，如果过于自卑，则会在跨文化交际中态度被动或反应过度敏感。

跨文化能力不是独立于人们个性之外的一种附加能力，而是个性的有机组成部分。所以，要培养英语专业学生的跨文化能力，就要发展学生的独特个性。只有学生了解自己，认同自己，正确地看待自我，不断实现自我的价值，学生才能更加平等地认识和理解异文化。因此，在英语教学过程中，教师要尊重学生、关爱学生、鼓励学生，不要总是打击、批评学生，尊重学生的个性，鼓励他们勇于做自己，发挥自己的独特优势，培养他们的独立人格，培养其不断发展和实现自我价值。

高校教育应注重人文性和教育性，应将人才培养置于“素质教育”框架之中，使大学生的整体素质和个性发展方面得到最大限度的提高。

2. 鼓励学生勇于探索母文化与目的语文化

要培养学生的跨文化交际能力，教师就要培养学生对于新事物的好奇心，勇于探索实践，鼓励他们接触更多新事物，增强他们对于异文化的兴趣。这样，学生才能够认识到学习不是一直处在安全区之中，而是要走出安全区，接触新事物，进入到新的环境中去。学生在探索异文化的过程中，不仅能够开阔眼界，还能够设身处地地理解异文化的成员，培养跨文化的移情能力。

探新求异在我们中国的教育过程中一直受到忽视，很多大学生可能是考试高手，但大多怯于探索新事物，这也是多年应试教育所产生的后果。要培养英语专业学生的跨文化能力，重要的就是要培养学生对母文化和异文化的兴趣，如孔子在《论语》中言：“知之者不如好之者，好之者不如乐之者。”所以，应当鼓励学生始终保持对异文化的好奇心和了解文化之间相同处与差异性的广泛兴趣，促使他们愿意与异文化成员交往，并共享知识与信息。

在英语教学过程中，教师要适当讲解一些中国与英语国家文化的不同，使同学们有一个心理准备，以便于接受之后的相关知识。当然，教师还要向同学们说明，英语国家的文化与中国的文化还是有许多相似之处的，毕竟在某种意义上，文化是共通的。

教师可以采用多种方式向学生展现英语国家多姿多彩的文化，激起学生的兴趣，促使他们更加积极主动地去探索学习。学生在学习的过程中，能够增强对英语国家文化的了解和认识，不断提高其跨文化交流能力。

3. 培养学生多视角看待问题的能力

世界上有很多种文化，这些文化是不同的，彼此之间很容易产生冲突和误解。那么，产生这些误解和冲突的原因主要是什么呢？其实，这主要是因为人们往往戴着母文化的眼镜看世界，即人们往往以母文化作为视角去看待其他文化。当以母文化为主要视角，以母文化的思维与行为方式、价值观念等作为基准去看待世界上的其他文化时，就不可避免地会产生冲突和误解。教师在英语专业教学过程中，应当教给学生正确看待英语文化的方法，帮助他们意识到自己身上的民族中心主义思想，并逐步地克服它。

要想真正地理解别人的文化，首先要理解自己国家的文化，能够批判性地审视自我，使学生认识到每一个人都是受到生活其间的文化的影响的，如张红玲所强调的，学习者对潜移默化形成的价值观和参考框架进行反思和质疑，这种自我反思能减少或消除民族中心主义思想。因此，有必要首先引导学生分析文化对自我的影响，培养文化省思能力，如分析自己在何种程度上受家庭、所属集体、教育、社会、价值观、宗教、传统等的影响。自我分析可以帮助学生认识到民族中心主义思想的存在，并在一定程度上加以克服，从而不以母文化的“有色眼镜”看待另一种文化。

另外，教师还要帮助学生学会如何批判性地审视自己，发觉自己惯常的思维方式中不易察觉到的错误，批判性地看待自己的思维、行为方式和价值观。在教学时，一定要有一个参照物，这样能够更加清晰地展示教学的情况。教师可以首先帮助来自不同地域学生的不同的文化烙印做比较，在与学生的交流中，引导学生使用多个视角去看待问题，培养学生的观察力和跨文化移情能力，帮助学生克服民族中心主义思想。

一般情况下，始终处于熟悉的文化环境之中的人们很难意识到自身的民族主义思想的存在。教师要想引导学生采用多视角去看待不同的文化，就需要鼓励学生到那些陌生的文化环境中去，接触新鲜的事物，了解不同的文化。由于我国是一个多民族多亚文化的国家，教师可以鼓励学生到少数民族地区，了解当地的文化、风土习俗等等，然后询问学生当时的真实感受，也可以到一些其他的不熟悉的环境中去，如城市的学生与来自农村的同学各自到对方的家庭生活一段时间。学生可以将他们的体验记录下来，还可以通过电子杂志把这些体验用生动的形式记录下来，互相分享。

上述这些方法固然有效，但是最好的办法还是直接到英语国家去，真正地进行跨文化交际实践，这样真实的体验更能够培养学生的跨文化交际能力，帮助其克服民族主义思想。在英语国家的跨文化交流实践，还能够使学生了解到各种不同的生活方式，反思自己的认识，培养他们多视角看待问题的能力。

另外，教师还可以找到一些不同国家的人对于中国文化看法的相关内容，在英语专业教学过程中插入，拓宽学生们的视野，帮助他们克服民族中心主义思想。例如在某些高校中，有“外国人看中国文化”等相关课程，这一课程的学习能够帮助学生批判性地看待母文化，促进文化多元主义思想的发展。

在对目的语文化特别是该文化中所使用的言语表达的理解方面，应该培养学生不以“中国人之心度外国人之语言表达”，不用中国文化的“有色眼镜”看待其他文化成员的交际方式。应该使学生学会在跨文化交际的同时，跨出母文化的思维定式，从更新、更高的角度甚至多维度来理解异文化的人和他们的言语表达。这种方式不会使人丧失对母文化的认同感，而是会加深和改善对母文化、对他人、对外界的认识。

在培养英语专业学生跨文化能力的过程中，要培养他们从新的视角，即从超越母文化和异文化的跨文化视角，用第三只眼睛审视英语文化，如王志强所指出的那样，“我们在理解他我文化时应超越本我文化视角，用介于本我文化和他我文化之间的新认知视角，即用第三只眼睛审视本我文化和他我文化”。他这里所指的第三只眼睛是介于母文化和异文化之间的、独立的第三认知点。

英语专业学生以英语为主要学习对象，教师应当引导学生扩大跨文化视野，从了解和理解中国文化、英语文化，到对更多的文化有所了解和研究，以形成国际化的视野，具备对多元文化的敏感性，提高跨文化实践能力。

上述有很多建议，这些建议都有助于学生文化多元主义思想的形成与发展。在英语专业教学过程中，随着学生对于英语文化的逐渐了解与深入，他们会更加尊重异文化，能够以不同的视角去看待，从而不断提高自己的跨文化能力。

（二）促进学生对母文化和目的语文化的认知和理解

1. 拓宽和加深学生对中国文化的认知和理解

要想提高学生的跨文化能力，就首先要增进学生对自己母文化的认知和理解，只有真正地尊重并认同自己的文化，才能够更加真诚地去面对异文化。全面深刻地认识和了解母文化是了解异文化的重要前提。对于英语专业的学生来说，了解中国文化是一个极大的优势。因为在跨文化合作实践过程中，很多在华的国际企业是希望中国员工能够起到一个桥梁的作用，在面对某些问题时，帮助他们做出符合中国国情的解决方案。因此，英语专业的学生一定要对中国的文化做出全面深入的了解。在了解中国文化的基础上，他们才能更加客观地看待其他文化，才能做到真正的尊重，不断提高自己的跨文化能力。

培养英语专业学生的跨文化能力不仅在于提高他们的英语语言交际能力，同时需要他们了解英语国家的文化，但这绝不意味着要他们把中国文化的根拔出来，离开母文化的土壤，完全“跨”到目的语国的文化土壤上重新生长，而是要在两种文化之间架起桥梁。正如民族中心主义有碍于跨文化能力的培养一样，对母文化的无知，甚至对自己文化认同感的放弃同样会妨碍跨文化交际的进行。

应当加强英语专业学生对中国历史文化的了解和研究，开设一些中国国学的选修课，通过对中国文化的学习，尤其是通过对中国文化中积极的核心价值观内容的学习，增强学生的母文化价值感和民族自尊心，提高学生的文化素质和学养，增强他们弘扬中国传统文化的意识和主动性。理解和认同母文化，可以帮助学生理解和尊重其他的文化，进一步拓展自己的跨文化心理空间，对文化的多元性展现出一种大度，形成兼容并蓄的跨文化人格。同时，使学生在跨文化交际中成为有价值的、受欢迎的交际伙伴，因为异文化成员在与中国学生交流过程中，大多是希望对中国文化有更广泛和深入的了解。

需要指出的是，了解中国文化不仅包括了解中国传统文化的精髓、了解中国的主流文化，同时也包括了解中国丰富多彩的亚文化。了解中国文化的多层次性可以帮助人们成功地进行跨文化交际，做好中国文化和异文化沟通的桥梁。

大学生应了解中国文化，将中国文化的精髓贯穿到跨文化交际中。强化学生的人文精神、价值观，提高他们的人文素质，培养他们在中外文化之间的沟通能力，可以极大地促进他们跨文化能力的提高，同时也为促进真正意义上的跨文化对话做出贡献。教师在教学过程中，应当训练学生对于中国文化的英语表达能力，锻炼学生的思维方式，防止日后的“文化失语症”和“文化自闭症”的产生。同时教师还要训练学生的审视能力，让学生使用审视异文化的目光来审视中国文化，运用不同的视角，从不同的角度去理解中国文化。

2. 学习目的语文化

在英语专业的教学中，教师不能仅仅教授英语的语言知识，还应该教授英语国家的文化，使学生对于英语国家的文化有一定的了解。通过讲述英语国家的文化，激发学生的学习兴趣，增强他们的参与感，加深他们对英语的理解。在英语教学过程中，教师可以向同学们讲述英语文化的政治、经济、历史等各方面的内容，并将它们融入英语教学之中。另外，随着时间的推移，文化是不断发展的，同一时代的文化也是有不同层次的。因此，教师要培养学生使用多个视角去看待问题，克服民族中心主义思想。因此，在教学过程中，教师要从两个方面对目的语国家的文化进行教学，这两个方面分别是历时性和共时性。

在此基础上，还要培养学生具备掌握目的语国家文化的能力，即先宏观地了解目的语文化，再从中观（如地域文化、某一领域的特征、各时代人的不同特征）和微观（如异文化成员的个性特征）的层面观察、分析和理解它，最后达到宏观、中观和微观的整体了解和理解。

当然，以上所描述的全面了解和理解某一异文化是一个循序渐进的过程，对于跨文化经验尚不丰富的大学生来说，对某一国家的文化了解比较肤浅笼统，或是对这些了解充满矛盾和困惑，这些现象都是跨文化学习过程中出现的正常现象，作为教师应当帮助和引导学生来处理这些问题。了解某一异文化的过程就是首先培养对这一文化的兴趣和好奇心，通过不断的学习、观察和思考，增强观察力、判断力，尤其是增强多视角、多层次认知异文化的能力，以不断趋近全方位了解和理解异文化的能力。

使英语专业学生明白英语文化与中国文化存在差异这一点自然是重要的，但同时，高校英语教师还要引导学生找到两种文化在深层次上的共同点，在了解“习相远”的同时，也要把握那些“性相近”的文化共同价值。如前文所述，在“求同”的基础上，“存异”对于培养跨文化能力至关重要。

要深入了解英语文化，除了从中国人及英语文化成员的角度分析英语文化之外，还可以通过阅读和讨论的方式，了解其他文化成员对英语文化的看法和评价，从而使学生更加全面深入地理解英语文化。此外，我们应当看到，文化知识浩如烟海，绝不可能将英语国家的文化知识完全传授给学生，而且也没有必要，重要的是讲授态度、观念、策略和方法。

3. 融通中外文化

很多欧美语言中的“交际”一词来源于拉丁语，其原意有“共同分享”“互相沟通”“共同参与”的意思，也意味着交际是交际伙伴的相互沟通、分享信息的过程。所以，如果在跨文化交际中不会用外语来表达和传播母文化，跨文化交际就成了单向的文化流动，就不能称为真正意义上的“跨文化交际”。交际的双方只有互通有无，才能使交际顺利进行。在克拉姆契看来，外语教学应当是学习者与目的语母语者之间的平等对话。通过对话，学习者可以发现在说话和思维方式上他们与异文化的相同点和差异。在这种情况下，外语学习者才能以他们自己本来的身份，而不是以有着这样那样缺陷的目的语使用者身份来使用所学的外语。

对于英语专业学生，跨文化交际能力的重要表现是能在中国文化与英语文化之间起到桥梁的作用，学会用英语表达自己的观点，包括向英语文化成员传播中国文化。在交际的过程中，要充分达到“共同分享”“相互沟通”的目的，要达到这一目的，其重要前提是深入全面了解和理解中国文化和英语文化。

具有跨文化能力的一个较高的境界就是融通中外文化，是能在吸收异文化精华的基础上弘扬中国文化，能把中外文化融入自身人格的养成中，在跨文化交际合作中，知己知彼，具有深而广的文化学养和博大的胸襟。因此，在英语教学中，不但应当重视用英语来叙述英语国家的文化、社会、政治和经济现象，同时也要培养学生用英语向英语国家成员阐述中国文化渊源、价值观、思维方式、行为方式、社会现象等的能力，从而提高其跨文化交际能力。英语专业学生不应被培养成崇洋媚外的民族虚无主义者，也不应是因循守旧的狭隘民族主义者，而是应当被训练成文化使者，既要在吸收异文化精髓，又能弘扬中国文化。在跨文化交际与合作中，通过自己的跨文化能力，既让中国了解世界，又让世界了解中国。

（三）培养学生的跨文化行为能力

促进跨文化行为能力发展的关键能力和个性特征有：适应能力、独立行为能力与责任心、灵活性、跨文化交际能力、团队合作精神、求同存异的能力、文化协同能力、文化沟通能力。培养学生的跨文化行为能力主要可以从以下几个方面来开展：

1. 培养跨文化交际能力以及“就交际本身进行沟通的能力”

要培养学生的跨文化能力，英语能力至关重要。毋庸置疑，对于大学英语教学来说，培养学生的英语能力和跨文化交际能力是其重要任务。英语学习的最终目的是利用英语进行跨文化交际。在英语教学中，应当不再以培养学生成为 native speaker 为目标，而是培养他们成为具有双重文化人格的 intercultural speaker。而跨文化交际者有着那些仅掌握一门语言的“母语者”所没有的优势，即他们对自己文化的掌握和在中英文化之间进行跨文化交际和传播的能力。

英语专业学生们需要知道的是，学习英语本身并不是最终目的，重要的是利用英语进行跨文化交际。而中国学生在学习英语时，往往非常重视词汇和语法，因为害怕犯错误而不敢交际，这样的做法无异于舍本逐末。

在以跨文化交际能力为目标的培养方针指导下，英语主要是作为交际的工具。在课堂上，教师可以采用多种方式来对学生进行教学，培养学生的跨文化能力，使学生可以利用英语传播中国文化、进行跨文化交际、比较分析中国与英语国家的文化等等。同时，教师还能够培养学生处理问题和解决问题的能力、表达不同意见的能力等等。

言语交际在跨文化交际中起着核心的作用。跨文化交际也是人际交往，对人的了解与研究也至关重要。不同文化之间的交流和交往大多由个人来承担，这就要求个人要有很强的交际能力，广博的中英语言、文化知识和积极的交往态度，即使在复杂的跨文化交际场合中，也能随机应变、因势利导、掌握主动。英语教学应当向学生传授跨文化交际策略，如：

（1）吸引对方与自己交际、寻找共同话题；

（2）营造宽松的交流氛围，不但善于言语交际，同时善于积极地倾听和交际引导；

（3）善于观察和分析交际中对方的背景、交际目的、思维方式、行为方式等，并在此基础上调整自己的行为；

（4）保持跨文化敏感，善于捕捉信息传递中的偏差和有可能出现的误解。在跨文化交际过程中，不仅要时刻注意语言方面的问题，还要注意双方的非语言行为，以避免出现误解。

在培养英语专业学生的跨文化交际能力以及就交际本身进行沟通的能力的过程中，教师应当在英语教学的课堂中设计不同的交际场景，以提高学生的跨文化交际能力。应当将以教师为中心、以知识传授为中心的教学形式发展为以学生为中心、以交际为中心的教学互动形式。

2. 培养学生在求同的基础上存异的能力

世界上有很多不同的文化，但是这些不同的文化之间也具有很多相似的地方。在跨文化合作中，要使它成功进行，“求同存异”是最行之有效的策略。在全球化的今天，求同的策略也是全球化发展的需要。人类面对着很多共同的问题，需要在“同”的基础上去共同解决。同时，“求同”符合中国文化的核心价值观，中国人的大同世界观不仅认为天下一家，且视天地万物为一体。在跨文化交际与合作过程中“求同”，符合中国文化中的“世界大同”的价值观，是创建和谐的跨文化关系的重要途径。

我们知道，在跨文化交际与合作过程中，人们会遇到比在单一文化交际中要复杂得多的问题。尤其在跨文化交际的双方对彼此还缺乏了解和信任的情况下，“求同存异”可以帮助人们克服陌生感，克服对陌生文化的生疏甚至恐惧，寻找自己所熟悉的东西，增强与来自异文化的合作伙伴进一步交流的勇气，增强对跨文化交际与合作的信心，并将跨文化合作进行下去。在“求同”的基础之上，即使看到文化差异的存在，也不会气馁，不会踯躅不前。因此，“求同存异”可以使人们的跨文化行为由被动变为主动，是处理纷繁复杂的跨文化交际问题、解决各种矛盾卓有成效的策略。

培养学生求同存异的能力还包括引导学生认识到，文化差异并不一定会自动导致文化冲突。如贾文键所指出，不能将跨文化交际过程中出现的所有问题都归咎于文化差异，要看到文化之间的共同点和相似点，以便找到跨文化沟通的基础。需要指出的是，“求同”并不意味着要否认和忽视文化之间差异的存在，或是刻意回避差异，更不意味着放弃自己的文化，一味地追求与异文化的一致。不同的文化之间既有“性相近”，又有“习相远”，它们是同一事物的不同方面，构成整体。“异”“同”之间是相互关联和变化的，求同存异，是对“非此即彼”的二元论的批判，承认“同”与“异”同样存在，并且同中有异，异中有同。

3. 培养学生的跨文化协同能力与团队合作能力

在英语专业学生跨文化能力培养过程中，要引导学生观察和发现异文化和中国文化的差异、产生这些差异的原因以及处理这些差异的策略、方法与途径。

跨文化交际研究学科的一个重要原则是认为不同的文化平等。在坚持这一原则的同时，学生们也应当看到，与此同时存在的情况是，地位和角色的不同也会影响跨文化交际。例如，在华的跨国企业中，很多高管人员都是来自另一国家。在中国雇员与这些外国高管人员的跨文化交际过程中，中外权力的不平衡往往被诠释为文化的不平等，所以往往得出结论“美国人太自以为是了”“法国人太傲慢了”等。应当帮助学生认识到这些差异主要是权力距离造成的，而不能归咎于文化。

学生们不仅要学习如何尽量减少与英语国家人员在跨文化交际中的误会、避免冲突。更应掌握变被动为主动的技巧，积极寻找不同文化之间的共同点，以此作为跨文化合作的重要基础。同时还要懂得尊重各种文化的独特性和多样性，尊重不同的价值观、思维观和行为方式，积极、自如地处理文化差异，并利用这些文化差异，寻求跨文化协同效应。因为我们在跨文化交际中，不需要追求以文化之间的“同”压倒“异”，“求同”与“存异”可以协调存在。

在跨文化职业实践中，往往是很多不同文化背景的同事在一起合作，要想成功地实现目标，每个人都必须要具备团结合作的能力。因此，在英语专业教学中，教师要注重对学生团结合作能力的培养。例如，在一些跨文化交际实践项目中，使学生与英语国家的成员进行跨文化交际，共同完成课外调研项目。在调研项目中，可以将学生进行分组，培养学生的团队合作精神。在英语课堂上，学生可以展示自己的调研结果，并与其他学生进行讨论分析。

第三节　大学生跨文化交际能力的测试与评估

一、跨文化交际能力测试的信度、效度和可行性

在对任何的测试之中，其信度与效度都是两个非常重要的目标，如果一份测试没有进行信度和效度的测试，那么这份测试就不能称得上是一份完整的测试，甚至有可能会误导教师和学生，从而产生一些比较严重的错误。原本，信度与效度是计量学中的概念，后来被引入到语言测试的领域，用来检测语言测试的可信度和结果的有效性。

（一）测试的信度

测试的信度，顾名思义，指的是测试是否具有可信度。在测试中，它通常体现在数值的一致性方面。在其他变量一致的情况下，当同一考生参加同一难度的考试时，其所得的分数应该与之前的分数大致相同。如果分数差别过大，这个测试的信度就会比较低。要保证测试的信度，就需要严格设置评分等级，严格培训评分员，并且设置多人评分等。如何保证测试的信度，主要有以下两个方面：

1. 测试的设计过程

测试是否具有可信度，主要看它的设计过程。换句话说，测试的设计过程能

够决定测试是否具备可信度。因此，测试的设计过程十分重要，要严格对待。首先，测试应该按照学生的学习内容选定范围，要涵盖绝大部分的内容，但是又不能所有内容全部事无巨细地罗列上去，因为毕竟还要考虑试卷的长度应该适中。其次，测试的试题应该要求明确，以免测试者在审题时由于某些偏差而无法展示其真实的能力。关于测试设计过程中应该遵循的某些要求，如下所示：

（1）测试内容要全面

要增强测试的信度，就要尽可能全面地对测试者进行测试，测试的内容越多，考查测试者的能力的范围也就越大，测试的可信度也就越高。例如，在测试听力水平时，不能仅选某一篇文章或者对话进行测试，而是要多选取不同文化、不同形式、不同题材的内容对其进行测试。这样才能获得尽可能正确的反馈，测出其真实的能力水平。如果选择的题材较为单一或者是内容过于少，那么很容易出现某些误差，从而降低测试的信度。当然，测试的内容也不能过多，过多的内容往往会引发疲惫与厌烦的情绪。当出现这些不良情绪时，测试者无法集中注意力，同样不利于测试者真实水平的发挥，从而降低测试的可信度。

（2）测试题要明确易懂

有时候，测试的某些题目可能会表意不明或者具有歧义，在这种情况下，测试者往往无法安心做题。因此，在设计测试题目之时，就要严格检查其题意是否明晰，其要求是否明确，以免影响测试的信度。

另外，针对不同的测试者，其测试题的难度也要做一定的调整。例如，当对某些初中或高中的学生进行跨文化交际能力测试时，要考虑到他们目前的实际学习情况，根据其学习具体情况降低测试的难度，可以通过降低词汇量或者使用汉语的方式来进行测试。这主要是为了避免由于他们不懂题意胡乱猜题的现象发生，更加直观地测试其真实的跨文化交际能力。在设计测试题的过程中，对于题量也要仔细斟酌，既不能过少，也不能过多。过少的题目，其考查范围太过狭窄，无法正确地判定其跨文化交际能力。过多的题目则会导致受试者产生厌倦情绪，无法集中注意力，从而影响测试的信度。由于测试的目的是考察跨文化交际能力，其题目内容应该着重在受试者的文化与交际方面，而不应该刻意地增加语法上的难度。如果受试者由于句子语法的阻碍而不能正确地理解题意，从而做出错误的选择，这也会影响测试的信度。

2. 测试的评价过程

对于测试的信度而言，影响它的除了测试的设计过程，还有测试的评价过程。它影响着测试的最终信度。

（1）确保答案标准具体

评分者要全面客观地看待受试者的测试答案，从各个方面进行衡量，最终给出一个公正客观的分数。针对主观题来说，受试者的答案越具体，评分者的评分越客观。

（2）确保评分者状态良好

在测试可靠性的阶段中，评分是最后一项，也是最为重要的一项。它不仅决定着受试者的测试结果，同样也影响着测试的最终可信度。由于它十分重要，评分者在评分之前都要参加一个相关的培训，以确保其最终能够给出一个最符合受试者能力的分数。在培训过程中，评分者首先要了解确切明晰的评分标准，学习如何按照评分标准进行评分，以及在评分过程中出现意外状况应该怎样处理，等等。当学习完这些知识之后，其才算是一个合格的评分者。在对受试者的答案进行评分时，评分者要尽可能地公平公正，根据评分标准给出一个合理的分数。为了避免由于注意力不集中而影响评分的客观性，评分者不能持续工作太长时间，而要偶尔进行休息，以放松身心，准备好下一次的评分工作。

（3）确保多人独立评分

在对受试者的答案进行评分时，不能只有一个评分者，会降低测试的可信度。评分过程应该由多个评分者共同完成，最好是两个或者两个以上的评分员共同对答案进行评判，在最后的评判过程中选取其中的平均分，这样才能比较客观地评判测试者的能力。

在评价跨文化交际能力的测试试卷之前，评分者首先要进行自我批判，反思自己的文化观与交际观，看其中是否有不妥的地方。评分者首先要保证自己没有文化偏见，这样才能去对测试试卷进行评分。如果评分者有一定的文化偏见，那么他在评分工作中就很有可能会因自己的文化偏见而无法给予公正客观的评分。另外，面对跨文化交际能力测试卷，不能仅仅以“错误”或者“正确”这种单纯的判断来对其进行评判，而是要全面客观地进行思考。在评分工作中，如果有些答案自己难以判定，评分者要与其他教师共同商议，而不能想当然。

在跨文化交际能力测试中，包含有许多方面的内容，具有一定的难度。正是由于它的复杂与全面，在测试的设计或评价过程中，不可避免地会出现某些影响信度的因素，如设计者、受试者方面的因素，或者测试环境方面的因素等等。因此，我们一定要细心安排好每一个测试环节，增加测试的信度。

（二）测试的效度

测试的效度，主要是指这项测试是否具有有效性，即它是否测试了所有的内容，以及它测试的目的是否已经实现。跨文化交际能力测试的效度主要是指它是否测试了所有有关跨文化交际的知识点内容，它是否能够真实地反映出了受试者的真实的跨文化交际能力。在测试中，最重要的指标便是效度，它是测试的出发点。如果一项测试的效度很低，那么这项测试就是一项没有意义的测试。另外，测试的效度是相对的，这主要与测试目的有关。比如，英语四六级测试，其目的是测试中国在校大学生的英语水平。如果将它用在初中或者高中阶段的英语测试之中，这时它的效度就会很低，因为这项测试的主要目的是测试在校大学生的英语水平，将它用在不合适的测试中，自然效度不高。测试的效度，主要体现在以下几个方面：

1. 内容效度

所谓内容效度，主要是指在测试中是否考查了学生学过的内容，这些学生学过的内容可以根据考试大纲来查看。内容效度的测试主要包含三方面的内容：一是测试的内容是否和测试目标有关，在测试时，其内容一定要是考试大纲中所要求的，学生们已经在课堂上学习过的内容；二是测试的内容是否符合测试对象，要根据测试对象的学习情况来选取适合他们的内容，当测试题目过于难时，要注意降低难度，以确保它适合测试对象；三是测试内容要有代表性，尽管考试大纲中有很多内容，但是由于试卷长度要求，我们并不能将所有内容都考查到，只能在合理的范围内尽可能选取最重要的、最具有代表性的内容。

在对学生进行成绩测试时，要根据教学大纲作为参考，考查学生对于知识的掌握情况。在这个过程中，内容效度十分重要，内容效度要考查的要素和技能在成绩测试中都要展现出来。在测试过程中，要在教学内容中选取有代表性的题目对学生进行检测。如果测试内容包含了教学的主要内容，并且题目比较有代表性，内容也比较均衡，那么这个测试就是有内容效度的。如果有些教学主要内容未被检测到，那么这个测试就是没有内容效度的，或者内容效度比较低。因此，在选题时，一定要选择有代表性的题目，覆盖住教学的所有主要内容。

2. 预测效度

所谓预测效度，就是根据学生测试的结果对学生之后作出某种预测，对于学生的未来行为的这种预测是否有可能发生，这个预测的准确度有多高。无论是学校还是工作中，我们要作出某种决策时，往往会采用测试的形式，比如决定谁升职，决定谁升学，等等。预测效度就是将学生某一次测试的结果与后来的测试结果进行比较，观察二者的相关性，如果二者之间相关性很高，就说明设计的试题的预测效度比较好。

教师要预测学生未来可能遇到的某个人、某种场景、某些问题等等，然后针对这个预测，设计一些相关的题目。这样，这些题目的答案就能够很好地预测出不同学生在真实的跨文化交际过程中的表现。

（三）信度与效度关系

在跨文化交际能力的测试之中，信度与效度都十分重要，关系着测试能否正常有效地运行。二者的关系，主要体现在以下三个方面：

第一，二者具有相同点，也具有不同点。二者的不同点主要是指：信度是指测试结果具有一致性的程度，它主要由多次测试结果比较得来，不是一个单纯的某一数据的相加或相减，与某一单次的测试结果也无关；效度是指测试的结果与测试之前的目的和内容相一致的程度，即测试的内容是否包含了教学的主要内容，其预期目的是否吻合，最终测试结果是否理想，等等。二者的相同点主要是：在测量测试的有效性的标准方面，二者都起到了很重要的作用。

第二，尽管一个测试是可靠的，但是它不一定是有效的。比如，我们的目的是了解桌子的长度。我们测量桌子的质量，测量了几次，发现其结果很相似，这就证明这个结果是符合信度的，是可靠的。但是，我们的目的是了解桌子的长度，而不是了解桌子的质量，即便它的结果是可靠的，但是其一开始的目的就已经搞错了，那么即便结果是可靠的，这个结果也不能用作桌子长度的数值，它也是无效的结果。

第三，如果一个测试是不可靠的，那么它必然是无效的。在测试过程中，如果得出的数值是不可靠的，那么就无法得出任何结论。只有在确定了数值的可靠性之后，才可以去谈论数值的有效性。

根据上面几点我们可以知道，信度与效度既有其相同点，也有其不同点，二者的关系是密切相连、不可分割的。在跨文化交际能力测试过程中，两者都要考量到，不能为了一方而忽视另一方。跨文化交际能力测试的是学生的综合素质，要采取一种积极的态度，既要保证效度，也要保证信度，追求二者的平衡。

（四）测试的可行性

测试的可行性，也就是测试的可操作性，即在跨文化交际能力测试过程中那些影响施考过程的因素。它与测试的信度与效度不同，测试的信度与效度主要与考试的质量和结果有关。影响施考过程的因素有很多，主要包括时间因素、人力因素、资源因素等等。其中时间因素指施考过程所用的时间。人力因素指施考过程中涉及的所有的人，如考生、考官、评分者等等。资源因素指考试的设备、场地等等。在设计考试之前，一定要首先考虑到这些因素，否则，就不能设计出一个完整而又实用的测试。

在对跨文化交际能力进行测试时，不能只实行单一的测试形式，而是要施行多种多样的测试形式，以便于更好地测试出其真实的能力。跨文化交际能力测试与普通测试不同，它需要更多方面的资源支持，以保证测试的可靠性。但是，在设计时还要考虑到可行性问题，在实践过程中是否会遇到某些阻碍，要能够确保它有效地实施，不能只是纸上谈兵的空想。

二、跨文化交际能力测试的内容与方法

（一）测试文化意识

要对学生的跨文化交际能力进行测试，要用对测试方法，而且测试的次数也不能只有一次。教师可以在课程开始之前，对学生的态度进行一次测试；在课程结束之后，对学生的态度再次进行一次测试。然后将这两次测试的结果综合起来比较，分析课程之前与课程之后学生态度的转变。那么，我们为什么不能只对学生进行一次测试呢？

这主要是基于测试的信度和效度来说的，要保证测试成功，就要保证其是可信的、有效的。如果仅仅对学生进行一次测试，这一次测试的结果不足以为信。另外，语言的效度是一个相对的概念，一个测试用于一个测试目的时效度可能会很高。但是，当它用于其他目的的测试时效度就可能会变得很低。在测试过程中，每一个学生都有运气的成分，一次测试的成绩不足以说明学生的能力的强弱。因此，要对学生进行跨文化交际能力测试，就必须要用到多种测试方法，多个测试的次数，这样才能尽可能地将那些干扰因素降到最低，满足测试的信度与效度。

在对学生的跨文化交际能力进行测试的过程中，很容易由于各种影响出现误差，这不可避免，我们能做的只是尽量去减小误差。下面我们将介绍三种测试方式，来测试学生的态度。当然，下面这三种测试都应该是匿名进行的。

1. 描述符距离

这种测试方法，就是让学生们对不同文化的“语义差别”进行测量距离，其中这个“语义差别”就是人们对不同文化之间的不同的看法与判断。

在施行这个测试方法之前，教师还要做一些准备工作。这个准备工作可以由教师自己完成，也可以由学生完成。教师可以鼓励学生完成，增强他们的积极性和参与度。首先学生总结一下自己心中的各种文化的优缺点，然后根据这些优缺点制定“语义差别”量表的两极内容。

2. 单一文化态度测试

这种方法主要是采用描述测试的方法，即首先说出某种文化，然后针对这种

文化给出很多描述，这些描述中有正面的，也有负面的，然后让受试者在这些描述中选择出自己认为正确的。

3. 问卷测试

问卷测试的方法在日常生活中比较常见，在各个地点都有所应用，如商场、学校等等。在跨文化交际能力测试过程中，问卷被用来测量学生的自尊心变动情况。在问卷中，每一条都要以笔试或者口试的形式对学生进行提问，学生要用“基本同意”或“基本不同意”作为回答的答案。

（二）测试文化知识和文化技能

要对受试者的文化知识和文化技能进行测试，其测试题主要分为两类，其主要区别是测试内容与社会行为能力是否有关。这两类题目分别是：第一类，与社会行为能力有关的知识；第二类，与社会行为能力无关的知识。在第二类题目中，尽管它的内容是与社会行为能力无关的知识，但是它里面通常还包含着一些抽象的模式，这些抽象的模式可能会对人的行为产生直接的影响。在这类测试题目中，应该避免非主流的文化模式，以免增加受试者对某种文化的错误的价值观念。

三、跨文化交际测试题型

（一）择答题类评估方法

1. 多项选择题

在考试中，最常用的一种考试形式就是多项选择题。它通常由题干和备选项构成，其备选项数目常采用四项。单项选择题只有一个正确选项，而多项选择题通常不止有一个正确答案。

在跨文化交际能力测试中，选择多项选择题有很多优点，如下所示：

（1）其题目主干以及选项比较明确，学生很容易了解其题意，不会出现审题不清的情况。

（2）在多项选择题中，考生只需要选择自己认为正确的答案就可以，避免了语言技能的混合与交叉。

（3）由于其答案比较清晰明了，评分比较客观，一般可信度很高。

（4）多项选择题的测试范围十分广泛，测试层次也覆盖十分全面。

任何事物都具有双面性，都具有优点与缺点，多项选择题也有一些局限性，如下所示：

由于是选项作为答案，相比起主观题，学生们有猜题的嫌疑，不利于教师对学生跨文化交际能力的了解。

由于多项选择题的测试范围比较广泛，其测试层次覆盖也比较全面，在命题工作时对命题人员有着较高的要求。

多项选择题是间接考试的一种，它能否有效地测量文化能力，到目前为止还没有一个定论。

在跨文化交际测试中过多使用多项选择题，容易带来负面影响，不利于跨文化思维的培养。

到目前为止，在跨文化交际能力测试过程中，由于多项选择题和正误判断题的可操作性比较强，教师常用的方式仍然是多项选择题和正误判断题。

2. 正误判断题

一般情况下，正误判断题的题目是表述事实或者观点的一个句子，学生根据所学的相关知识判断这个句子的对错。

正误判断题有以下特点：

（1）题目覆盖范围比较大。

（2）命题相对比较简单。

（3）评分比较容易操作，且比较客观。

但是，由于其答案仅为对与错二者，如果学生猜题的话，其猜题正确率比较高，不利于评测学生的能力。

3. 匹配题

匹配题通常的形式是分为两列，这两列各自有对应的项，需要应试者对其进行匹配连线。

匹配题也有其优点与缺点。其优点是题意明确，操作简单，评分也比较容易，其缺点主要是测试内容过于简单，只能简单测试学生的单项的语言技能或知识，无法测试学生的综合语言运用能力。

（二）做答题类评估方法

1. 简答题

教师根据学生的学习内容制作出一些简答题，然后根据学生的简短回答来测试学生的能力，考查学生关于目前学习内容的情况。

教师在制作简答题时，不仅要考虑目前教学的内容以及学生学习的重难点，还要在旁边注明答题的要求，如是使用词组回答还是使用句子回答，是否有字数限制，等等，以便学生理解。

在做选择题时，学生遇到不理解的，可能会随意挑选一个答案，当答案错误时，教师无法判断学生是不理解内容还是错误地理解了内容。但是当学生在回答简答题时，学生必须理解题目的意思，才能开始答题，避免了盲目猜题的现象。这是简答题的一个优点。学生在回答简答题时，也没有任何其他提示，因此写下的答案都是自己心中所想，这是简答题的第二个优点。另外，简答题运用到了学生的产出性技能，相比起接受性技能，这更容易锻炼学生的能力。

当然，简答题也有缺点，由于灵活性较强，其评分难以客观公正。因此，在审阅简答题的回答时，应该以一个比较详细的评分标准作为评判。

2. 翻译题

要考查学生的跨文化交际能力，翻译测试是必不可少的。它不仅能够考查学生的文化知识与语言能力，还能够测试学生的跨文化交际能力。要利用翻译题来考查学生的文化能力，这时翻译题的评分标准应该要与那些普通翻译的评分标准区分开，明确二者考查方向的不同。

3. 口试

目前为止，英语的口试主要分为两种：一种是直接口试，一种是半直接口试。其中，直接口试，就是考生与考官要进行面对面的交流，考生根据要求进行口语考试，完毕后考官当场评定考生的成绩。这种方法既有优点，也有其缺点。其优点是比较真实，缺点是比较费时费力，并不是一种便捷经济的测试方式。与直接口试相比，半直接口试比较省时省力，考官与考生并不进行面对面的交流，而是首先由考官录制一段试题的口语测试题目与讲解，然后学生根据考官的要求回答问题。在考试完成之后，学生的录音回答将会由教师统一进行评分。尽管这种方法比较省时省力，但是其交互性不高。

（三）个性化答题类评估方法

1. 课堂检查表

课堂检查表，顾名思义，就是在课堂上教师通过这张表来查询学生的学习情况，教师所讲的内容学生是否掌握，其中有哪些不理解的内容，等等。教师根据某一课的教学目标制成一张表，这张表就是课堂检查表。它也可以被称作学生活动的细目表，因为在上面有各种活动条目，教师根据学生完成活动的内容来了解学生的掌握情况。这种方法只适合小班考试。

2. 模仿

在课堂上，模仿是最能够测试学生跨文化交际能力的方式。首先，教师给予学生一个角色，然后给出一系列解决问题的场景，测试学生的跨文化交际能力与解决问题的能力。这个测试场景，是通过目标语文化的形式展现出来的。为达到测试的标准化，需要在进行模仿场景测试之前进行大量的准备工作。

3. 视觉测试和听觉测试

视觉测试，就是通过播放一些特定的视频片段，来测试学生的文化敏感度。教师可以利用幻灯片等多媒体设备在课上播放一些文化相关片段视频，测试同学们是否能够识别出属于哪种异域文化。视觉测试一般情况下仅仅适合班级测试。

听觉测试与视觉测试的原理大致相同，都是为了考查学生的文化敏感度，测试学生是否能够听辨出异域文化。教师可以在课堂上播放一段有关其他文化的视频或者是音频，对学生进行听觉刺激。

与视觉刺激相比，听觉刺激不仅适合班级测试，还适合大规模的考试。

4. 触摸型测试

触摸型测试，同上面的视觉、听觉测试类似，都是为了测试学生对于文化的敏感度。在进行触摸型测试时，教师可以给学生一件东西，然后让学生演示在某种文化特点下的相关行为。但是，这种测试方法比较偏小众，在大规模测试中不太可能使用。

5. 学期作品建档法

这种方法就是教师收集学生按照某一主题所写的文章、制作出的幻灯片、整理的资料等等，根据学生的这些作品对学生进行评价，考查学生的语言实际应用情况。这种方法的时间跨度可短可长，是一种延续性评估的方法。

参考文献

［1］张莉飞．文化自信视域下高职院校跨文化交际能力培养研究［J］．河北能源职业技术学院学报，2022，22（03）：67-70.

［2］邓耘，汪兰西．国际汉语教师跨文化交际能力研究综述［J］．汉字文化，2022（16）：67-69.

［3］彭丹丹．全球化背景下大学生跨文化交际能力的培养［J］．海外英语，2022（16）：197-198.

［4］李叶帅．跨文化交际能力，语言教学不容忽视的重点［J］．课堂内外（高中版），2022（27）：43-44.

［5］王芳．浅谈跨文化交际视域下外语词汇认知实践策略［J］．数据，2022（07）：194-196.

［6］杨舒茜．跨文化交际中西方隐私观念的差异［J］．南方论刊，2022（06）：78-80.

［7］常璇璇．跨文化交际研究视角下对文化的理解［J］．今古文创，2022（21）：126-128.

［8］杜佳颖．大学英语教学中跨文化交际能力培养现状与策略研究［J］．海外英语，2022（06）：126-127.

［9］王巍，李静宇．高低语境文化视角下的跨文化交际［J］．海外英语，2021（17）：268-269.

［10］谢慧娟，曹霞．跨文化交际中肢体语言浅析［J］．今古文创，2021（36）：113-114.

［11］周楚君．跨文化交际中的时间观念［J］．中国航班，2021（18）：134-136.

［12］周舒然．跨文化交际之非语言交际［J］．现代英语，2021（03）：121-123.
［13］李青林，赵娟娟．意义协调管理理论框架下的跨文化对话研究［J］．教育传媒研究，2020（04）：31-32.
［14］史岩，杨友朝．非语言交际对跨文化表达能力培养的作用［J］．安徽工业大学学报（社会科学版），2019，36（04）：52，54.
［15］阳芹．非语言要素的交际功能探析［J］．知识文库，2019（15）：5-6.
［16］冯捷．言语适应理论视角下的身份构建研究［J］．海外英语，2019（14）：83-84.
［17］赵红勋，赖黎捷．意义协调管理理论：人际传播研究的一个理论面向［J］．未来传播，2019，26（01）：31-37.
［18］潘新淮．基于言语适应理论对语码转换功能的分析［J］．海外英语，2016（09）：191-192.
［19］胡忠丽．面子 - 协商理论在跨文化交际中的重要作用及其对广告语言的影响［J］．学园，2015（35）：3-4，9.
［20］王洋，雷宁，欧阳照．跨文化传播中电影《功夫熊猫》的“冰山模式”理论解析［J］．芒种，2015（18）：85-86.
［21］郭敏．从面子协商理论视角分析中西方面子文化的差异［J］．青年文学家，2012（24）：242.
［22］赖红玲，王电建．从霍夫斯泰德的文化维度模型看中美文化差异［J］．语文学刊（外语教育教学），2012（07）：87-88，127.
［23］刘佳汇．从霍夫斯泰德文化维度模式看中国当代大学生的文化价值取向［D］．长春：长春工业大学，2011.
［24］林群．从高语境与低语境交际理论看中美文化差异［J］．长春师范学院学报，2004（03）：99-102.
［25］刘荣，廖思湄主编．跨文化交际［M］．重庆：重庆大学出版社，2015.
［26］曾利娟，麻哲，张留斗．文化差异与跨文化交际［M］．北京：中国铁道出版社有限公司，2019.
［27］史艳云．大学英语中的跨文化交际［M］．长春：吉林人民出版社，2020.

[28] 陈静，高文梅，陈昕著 . 跨文化交际与翻译［ M ］. 成都：电子科技大学出版社，2017.

[29] 刘戈 . 当代跨文化交际发展研究［ M ］. 长春：吉林大学出版社，2020.

[30] 燕青 . 跨文化交际能力培养实践研究［ M ］. 长春：吉林文史出版社，2019.